Cyflwyniad

Mae Hanfodion TGAU Celf a Dylunio'n addas i fyfyrwyr sy'n gweithio ar gyfer unrhyw un o'r prif fanylebau (AQA, Edexcel, OCR a CBAC) ar y cwrs llawn neu'r cwrs byr mewn TGAU Celf a Dylunio.

Mae'r manylebau a gyhoeddir gan y byrddau arholi yn cwmpasu maes astudio eang mewn termau cyffredinol iawn. Fel y cyfryw, gallant ymddangos yn amhendant ac yn ddryslyd. Wedi'i ysgrifennu gan Nick Eggleton, sy'n Brif Arholwr, yn Brif Safonwr Cynorthwyol ac yn athro sy'n gweithio, datblygwyd y canllawiau hyn i helpu myfyrwyr ddeall beth yn union a ddisgwylir ohonynt ar y cwrs a'u cynorthwyo i gynhyrchu gwaith cwrs o'r safon uchaf posibl.

Rhennir y llyfr yn dair prif ran. Mae'r gyntaf (tudalennau 4-33) yn edrych ar sut y caiff y cwrs ei asesu a'r meini prawf ar gyfer asesu. Mae'n mynd ymlaen wedyn i archwilio elfennau craidd y cwrs, sy'n berthnasol i bob myfyriwr waeth beth fo'r ddisgyblaeth (neu'r ardystiad) y mae'n dewis gweithio ynddi.

Mae'n rhaid i ymgeiswyr sy'n dilyn y cwrs llawn* ddewis dilyn un o wyth opsiwn cwrs, ac ar ôl cwblhau hynny'n llwyddiannus dyfernir cymhwyster TGAU mewn Celf a Dylunio iddynt. Mae'r ail adran (tudalennau 34-83) yn edrych ar chwech o'r opsiynau hyn mewn manylder, gan egluro'r hyn sy'n ofynnol gan y myfyriwr. Mae'n tynnu sylw at y sgiliau, y prosesau a'r ystyriaethau sy'n benodol i bob opsiwn ac yn archwilio'r gwahanol ddisgyblaethau y maent yn eu cynnwys.

*Cofiwch nodi mai dim ond fel opsiwn cwrs 'anardystiedig' y mae'r cwrs byr ar gael (h.y. ni all myfyrwyr ddewis arbenigo).

Mae'r adran olaf (tudalennau 84-116) yn cynnig cyfarwyddyd ar sut i ymdrin â phrojectau newydd a strwythuro gwaith cwrs. Mae'n rhannu'r broses yn gamau clir, rhesymegol, er mwyn cynorthwyo myfyrwyr i ddatblygu a throsglwyddo eu syniadau bob cam o syniad gwreiddiol drwodd i gynhyrchu a gwerthuso darn terfynol. Mae'n cwmpasu popeth y mae angen i ymgeisydd ei gynnwys i gynhyrchu uned gref o waith a chyflawni ei botensial llawn.

Cynnwys

Cyflwyniad i'r Cwrs	**4-11**
Y Cwrs	4
Yr Ardystiadau	5
Asesu	6-7
Yr Amcanion Asesu	8-11
Sgiliau a Dysgu Hanfodol	**12-33**
Gwybodaeth, Sgiliau a Dealltwriaeth	12-21
Yr Elfennau Gweledol	22-33
Yr Ardystiadau	**34-83**
Celfyddyd Gain	36-45
Cyfathrebu Graffig	46-53
Dylunio Tecstilau	54-63
Dylunio Tri Dimensiwn	64-72
Ffotograffiaeth Cyfrwng Lens a Golau	73-80
Y Cwrs Anardystiedig - Celf, Crefft a Dylunio	81-83
Portffolio Ymgeisydd a'r Dasg Allanol i Ennyn	
Ymateb Personol	**84-116**
Cynhyrchu Uned o Waith	84-101
Tasg Allanol i Ennyn Ymateb Personol	102-106
Uned Enghreifftiol o Waith	107-116
Rhestr Termau	**117-119**
Mynegai	**120**

Y Cwrs

Mae'r cwrs TGAU Celf a Dylunio yn canolbwyntio ar dair prif ardal: gwybodaeth, sgiliau a dealltwriaeth. Mae'n cyfuno astudiaeth academaidd o gelf, crefft a chynllunio â gweithgareddau creadigol a datblygu sgiliau ymarferol.

Pwrpas y gwaith theori yw eich helpu i ennill gwybodaeth a dealltwriaeth gadarn o ddulliau celf a dylunio o'r gorffennol a'r presennol. Byddwch yn edrych yn ofalus ar ddarnau a gynhyrchwyd gan artistiaid eraill, gan archwilio gwahanol arddulliau a *genres* ac ymchwilio i ystod eang o ddeunyddiau, technegau a phrosesau.

Pan ddaw hi'n fater o gynhyrchu eich gwaith eich hun, byddwch bryd hynny'n gallu defnyddio'r hyn yr ydych wedi'i ddysgu trwy'r ymchwil hwn. Dylai roi ysbrydoliaeth i chi, eich helpu i wneud penderfyniadau cytbwys a'ch annog i archwilio llwybrau na fyddech efallai wedi eu hystyried o'r blaen, wrth i chi weithio tuag at ddarn terfynol.

Mae Celf a Dylunio yn bwnc enfawr, felly mae'n cael ei rannu'n saith 'ardystiad' neu faes pwnc arbenigol. Pan fyddwch yn dechrau'r cwrs bydd gofyn i chi ddewis pa faes y byddech yn hoffi gweithio a chael eich asesu ynddo.

Mae gweithio o fewn ardystiad penodol yn syniad da os oes gennych dalentau neu ddiddordebau mewn un maes arbennig. Fodd bynnag, mae gan nifer o fyfyrwyr ystod eang o sgiliau a diddordebau amrywiol. Mae'r cwrs 'anardystiedig' yn darparu ar gyfer myfyrwyr a fyddai'n hoffi cyfuno dau neu fwy o'r pynciau arbenigol.

Dangosir y gwahanol ardystiadau ar y dudalen gyferbyn. Yn ychwanegol ceir yr ardystiadau Cymhwysol ac Astudiaethau Beirniadol a Chyd-destunol.

Yr Ardystiadau

Mae saith opsiwn astudio ardystiedig, a phob un yn cynnwys amrywiaeth o wahanol themâu …

Celfyddyd Gain
- Arlunio a/neu Beintio
- Cerflunwaith, Celfyddyd Tir neu Osodiad
- Creu Printiau
- Ffilm neu Fideo
- Amlgyfrwng

Cyfathrebu Graffig
- Cynllunio trwy Gymorth Cyfrifiadur
- Darlunio
- Hysbysebu a/neu Becynnu
- Delweddu Digidol, Ffilm, Fideo a/neu Animeiddio

Dylunio Tecstilau
- Defnyddiau wedi eu Printio a/neu eu Llifo
- Tecstilau Cartref
- Tecstilau wedi eu Gwneud a/neu eu Gosod
- Ffasiwn a/neu Wisgoedd.

Dylunio Tri Dimensiwn
- Cerameg
- Cerflunio
- Dylunio Theatr, Teledu, Ffilm a/neu Arddangosfa
- Gemwaith
- Dylunio Mewnol, Cynnyrch a/neu Amgylcheddol

Ffotograffiaeth Cyfrwng Lens a Golau
- Portreadau, Ffotograffiaeth Ddogfennol a Ffoto-newyddiaduraeth
- Ffotograffiaeth Amgylcheddol
- Ffotograffiaeth Arbrofol
- Gweithio o Wrthrychau, Bywyd Llonydd a/neu Fyd Natur

Yn ychwanegol ceir: Cymhwysol ac Astudiaethau Beirniadol a Chyd-destunol

… ac un opsiwn anardystiedig, lle gallwch gyfuno dau neu fwy o'r opsiynau a ddangosir.

Anardystiedig
- Celfyddyd Gain
- Cyfathrebu Graffig
- Dylunio Tecstilau
- Dylunio Tri Dimensiwn
- Ffotograffiaeth Cyfrwng Lens a Golau
- Cymhwysol
- Astudiaethau Beirniadol a Chyd-destunol

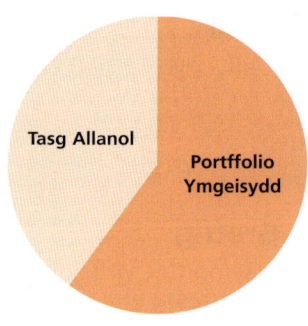

Caiff y cwrs TGAU Celf a Dylunio ei asesu mewn dwy ran ar wahân …
- **Portffolio Ymgeisydd**
  60% o gyfanswm y marciau (dim cyfyngiad amser)
- **Tasg Allanol**
  40% o gyfanswm y marciau (cyfyngiad amser o 10 awr)

Portffolio Ymgeisydd

Mae Portffolio Ymgeisydd yn cyfeirio at yr holl waith yr ydych yn ei gynhyrchu yn ystod y cwrs, sydd fel arfer yn para 2 flynedd.

Un 'uned' o waith yw pecyn o waith wedi'i seilio ar thema neu syniad penodol. Mae'n cynnwys gwaith paratoi, llyfrau braslunio, llyfrau log, llyfrau cofnod neu lyfrau nodiadau technegol a darn terfynol. Caiff gwaith paratoi ac ati y rhan fwyaf o fyfyrwyr ei gyflwyno i'w asesu ar fyrddau mowntiedig wrth ymyl y darn terfynol; canlyniad eich holl ymchwil, meddyliau a syniadau.

Mae pedwar prif amcan y caiff eich holl waith ei asesu arnynt. Fe'u trafodir yn unigol ar dudalennau 8-11. Ystyrir cynhyrchu portffolio ymgeisydd mewn mwy o fanylder ar dudalennau 84-101.

▼ Esiampl o uned o waith a gynhyrchwyd fel portffolio ymgeisydd.

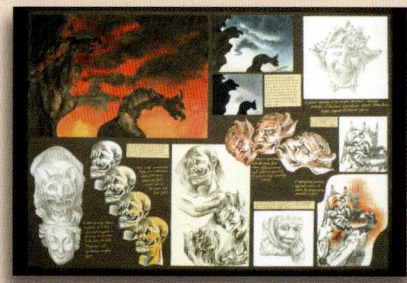

Asesu

Tasg Allanol i Ennyn Ymateb Personol

Tuag at ddiwedd y cwrs, bydd disgwyl i chi gwblhau prawf dan oruchwyliaeth (neu dasg wedi ei gosod yn allanol) a osodir gan eich bwrdd arholi. Mae hwn ar ffurf papur, sy'n rhoi dewis o 'fannau cychwyn' penodol i'ch gwaith.

Byddwch yn derbyn papur y dasg allanol o leiaf bedair wythnos cyn diwrnod(au) yr arholiad a bydd rhaid i chi ddewis un o'r opsiynau. Mae cwestiwn gwahanol i bob ardystiad ac un i'r opsiwn astudio anardystiedig.

Yn yr amser rhwng derbyn y papur a'r arholiad ei hun, mae angen i chi wneud cymaint o waith paratoi â phosib. Gwnewch ddigonedd o ymchwil ac archwiliwch unrhyw syniadau gwahanol a allai fod gennych.

Ar ddiwedd y cyfnod hwn ceir prawf wedi'i amseru a fydd yn para deg awr yn gyfan gwbl. Yn ystod yr amser yma mae disgwyl i chi gynhyrchu darn terfynol yn seiliedig ar eich ymchwil ac astudiaethau o flaen llaw. Am gyfnod yr arholiad bydd rhaid i chi weithio mewn amodau arholiad ac ni chewch dderbyn unrhyw gymorth.

Gallwch weithio ar eich astudiaethau paratoi hyd at ddiwedd y prawf wedi'i amseru, ac ar ddiwedd y prawf bydd gofyn i chi ei gyflwyno gyda'ch darn terfynol. Trafodir paratoi ar gyfer ac yna sefyll y dasg allanol yn fwy manwl ar dudalennau 102-106.

▼ Esiampl o uned o waith a gynhyrchwyd mewn prawf tasg allanol.

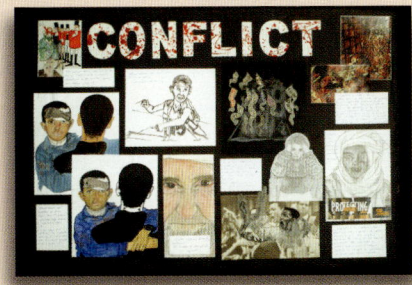

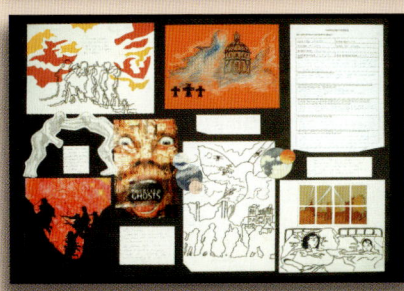

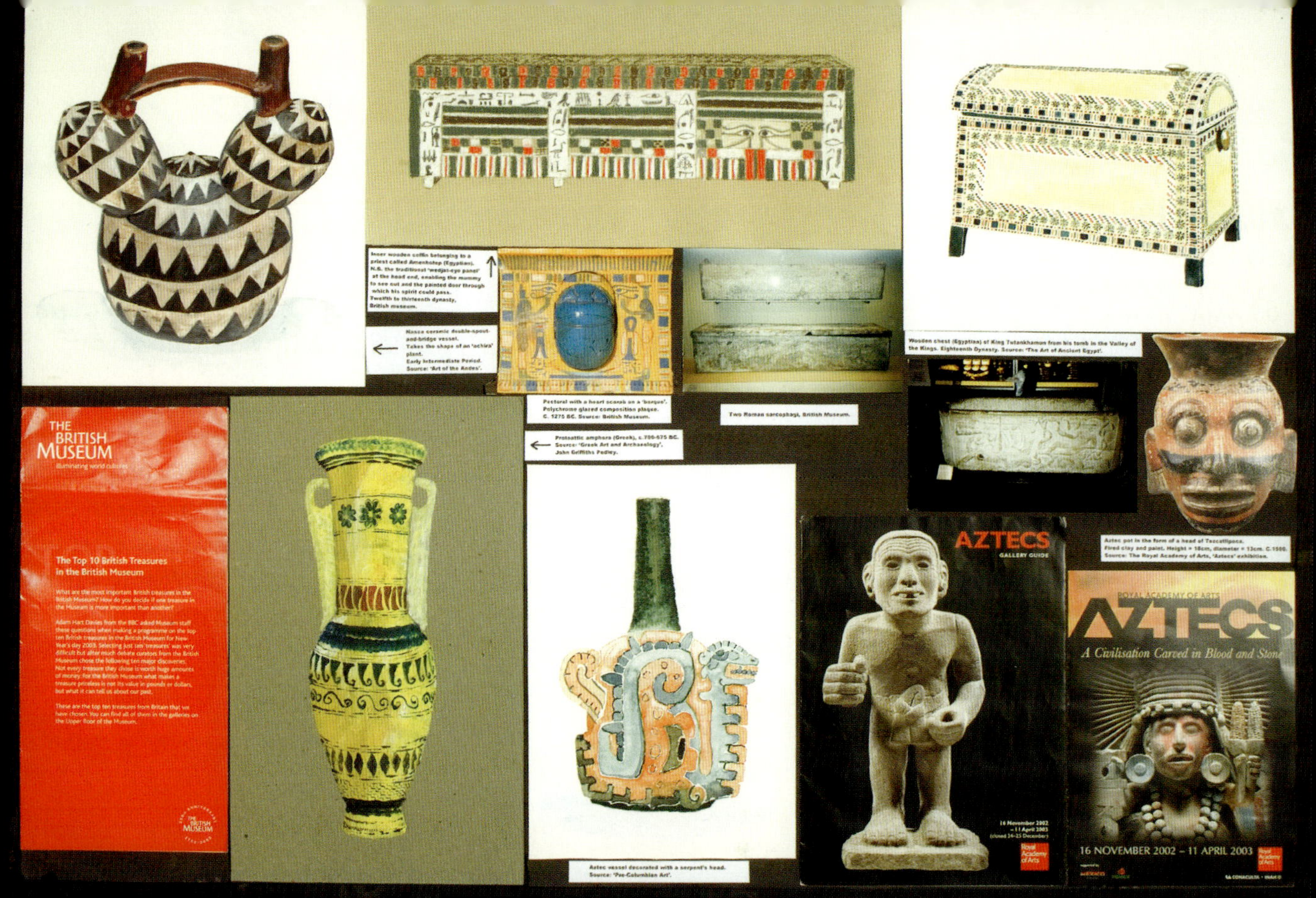

Asesu

▼ Edrychwch ar ddelweddau a gwrthrychau sy'n addas i'ch gwaith eich hun. Mae'r myfyriwr hwn, sy'n gweithio mewn cyfryngau cymysg, wedi edrych ar waith Rauschenberg, a ddatblygodd ffurf ar *collage* a elwir yn *'combine painting'*.

▼ Taflen wedi'i mowntio'n edrych ar sut mae gwahanol artistiaid a mudiadau'n trin y ffigur noeth lledorweddol.

▲ Gall arddangosfeydd ar bwnc penodol, sy'n cynnwys llawer o wahanol wrthrychau, helpu i adeiladu dealltwriaeth o ddiwylliant penodol neu gyfnod mewn hanes.

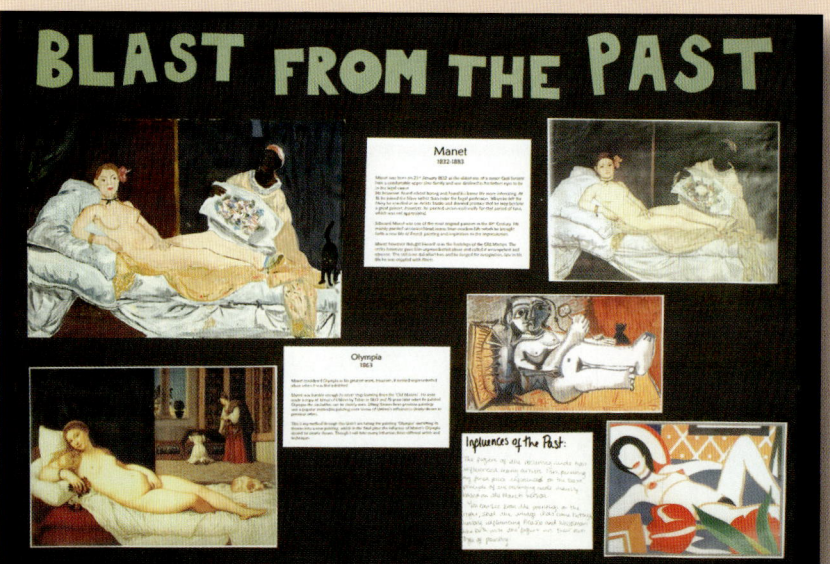

Amcan Asesu 1

Mae angen i chi allu datblygu syniadau drwy gynnal ymchwiliadau wedi'u llywio gan ffynonellau cyd-destunol a ffynonellau eraill sy'n dangos dealltwriaeth ddadansoddol a diwylliannol.

I gyflawni'r amcan hwn mae angen i chi allu edrych ar waith, gan artistiaid o'r gorffennol a rhai cyfoes fel ei gilydd, a'i asesu'n feirniadol, gan gyfeirio at yr amser a'r diwylliant pan gynhyrchwyd ef. I wneud hynny, bydd angen i chi ymchwilio i gefndir y darn a dod i ddeall yn dda pam a sut y cynhyrchodd yr artist ef. Gallech edrych ar beth oedd ei gymhellion a'r dylanwadau arno, a yw'r darn yn enghraifft o fudiad neu arddull benodol, sut y cafodd y darn ei dderbyn ar y pryd ac ati.

Bydd yr arholwr hefyd yn edrych i weld a ydych yn deall ac yn gallu defnyddio'r eirfa arbenigol a ddefnyddir mewn celf a dylunio. Byddwch yn dod ar draws llawer o dermau arbenigol yn eich ymchwil. Gwnewch yn siŵr eich bod yn gwybod beth yn union y maent yn ei olygu cyn ceisio eu defnyddio eich hun.

Amcan Asesu 2

Mae angen i chi fireinio syniadau trwy arbrofi gydag adnoddau, cyfryngau, deunyddiau, technegau a phrosesau priodol.

Mae'r amcan asesu hwn yn caniatáu i chi ddangos i'r arholwr pa mor greadigol ac amlochrog ydych chi. Mae angen i chi ddechrau â syniad neu thema a'i ddatblygu, gan archwilio llawer o atebion posibl sy'n defnyddio gwahanol ddeunyddiau, technegau a phrosesau. Bydd hyn yn dangos ystod a dyfnder eich sgiliau ac yn eich helpu i ddarganfod pa gyfrwng a dulliau sy'n caniatáu i chi gyfathrebu eich syniadau'n fwyaf effeithiol.

Yn ystod yr ymchwiliadau hyn, dylech fod yn gwerthuso'ch gwaith yn barhaus. Bydd angen i chi gael gwared â rhai enghreifftiau a dethol eraill i'w datblygu ymhellach. Bydd angen addasu a mireinio'r rhai y byddwch yn eu dethol nes eich bod yn hollol fodlon â'r canlyniadau. Dylai'r holl broses hon fod yn amlwg i'r arholwr.

◀ Mae'r myfyriwr hwn yn archwilio un syniad, sy'n
▼ cynnwys torch o flodau, cyn ei anwybyddu a symud ymlaen at syniad dylunio arall. Yn y broses, mae'n arbrofi â stensilio, trosglwyddo gwres, peintio sidan a brodwaith.

Amcan Asesu 3

Mae angen i chi gofnodi ar ffurf weledol a/neu ffurfiau eraill syniadau, arsylwadau a dealltwriaeth sy'n berthnasol i'r amcanion.

I gyflawni'r amcan hwn mae angen i chi ddangos eich bod yn gallu defnyddio ffynonellau cynradd ac eilradd i gasglu gwybodaeth berthnasol. Bod yn berthnasol yw'r peth pwysig yn y fan yma. Mae'n rhaid i chi allu barnu'n gywir a phenderfynu a yw darn o wybodaeth yn addas ai peidio. Does dim pwrpas casglu llawer o wybodaeth os nad yw'n mynd i'ch helpu chi i ddatblygu eich gwaith eich hun. Anelwch am safon yn hytrach na swm.

Bydd angen i chi hefyd gofnodi eich syniadau, sylwadau a phrofiadau eich hun. Mae angen i chi eu cofnodi mewn ffordd y byddwch chi (wrth gyfeirio'n ôl atynt) ac eraill yn gallu eu deall yn glir. Mae llawer o ffyrdd o wneud hyn. Archwiliwch gymaint â phosibl, ond cofiwch sicrhau bod y rhai yr ydych yn eu defnyddio yn addas i'r gwaith yr ydych yn ei gynhyrchu.

▲ Mae brasluniau *(uchod)* a ffotograffau *(gwaelod y dudalen)* yn ffordd wych o gofnodi eich arsylwadau.
▲ Gall ychydig o nodiadau cryno wneud delweddau'n haws eu deall.

Asesu

▲▽ Astudiodd y fyfyrwraig hon giwbiaeth yn ei gwaith paratoadol a chynhyrchodd baentiadau a ffotograffau o ddawnswyr fflamenco

▶ Y darn terfynol, cerflun ciwbaidd o ddawnswraig fflamenco sy'n amlwg yn adlewyrchu ei hastudiaethau a'i hymchwil.

Amcan Asesu 4

Mae angen i chi gyflwyno ymateb personol, hyddysg ac ystyrlon sy'n dangos dealltwriaeth a dadansoddiad beirniadol, gan gyflawni amcanion a lle y bo'n briodol, creu cysylltiadau rhwng elfennau gweledol, ysgrifenedig, llafar neu elfennau eraill.

Mae'r amcan olaf hwn yn edrych ar eich gwaith i gyd fel pecyn cyfan; bydd yr arholwr yn edrych ar eich holl waith paratoi ynghyd â'r darn terfynol fel uned gyfan. Bydd yn edrych i weld a ydych wedi cyflawni'r hyn yr oeddech wedi ei fwriadu – dylech fod wedi cynhyrchu darn terfynol sy'n bodloni holl feini prawf eich man cychwyn neu thema yn llwyr. Bydd hefyd yn edrych am wreiddioldeb – gwaith sy'n unigryw ac yn bersonol i chi.

Dylai'r arholwr allu gweld cysylltiadau rhwng eich gwaith chi a gwaith artistiaid eraill. Dylai beth bynnag a ddysgasoch wrth ddadansoddi delweddau, gwrthrychau ac arteffactau (gweler Amcan Asesu 1, tudalen 8) gael ei ddefnyddio'n ymarferol a'i adlewyrchu'n glir yn eich gwaith chi eich hun.

Gwybodaeth a Sgiliau

Mae pedwar maen prawf allweddol y caiff myfyrwyr Celf a Dylunio eu hasesu yn eu herbyn, waeth beth fo'u bwrdd arholi na'r ardystiad neu faes/meysydd astudio y maent yn dewis gweithio ynddynt. Mae'n rhaid i chi fod â dealltwriaeth o …

- … Sut mae syniadau, teimladau ac ystyron yn cael eu cyfleu mewn delweddau ac arteffactau.
- … Ystod o brosesau celf, crefft a dylunio mewn dau a/neu dri dimensiwn.
- … Beth yw perthynas delweddau ac arteffactau â'u cyd-destun cymdeithasol, hanesyddol a diwylliannol.
- … Ymdriniaeth, dulliau a bwriadau ymarferwyr cyfoes a rhai o wahanol gyfnodau a diwylliannau, a'u cyfraniad i barhad a newid mewn celf, crefft a dylunio.

Mae'n rhaid i chi ddangos gwybodaeth, sgiliau a dealltwriaeth glir o bob un o'r pedwar maes yn y portffolio ymgeisydd yn ogystal ag yn y dasg allanol.

Mae'n rhaid i chi gyflwyno tystiolaeth glir o'ch gwaith ymchwil yn y meysydd hyn. Yn ogystal ag ymchwilio i'r meysydd hyn yn drylwyr, mae'n hanfodol eich bod yn ymarfer unrhyw sgiliau a gweithdrefnau newydd ac yn dangos yr hyn yr ydych wedi'i ddysgu yn eich gwaith.

Arddangoswch eich canfyddiadau mewn ffordd syml ac eglur a datblygwch eich meddyliau a'ch syniadau mewn modd rhesymegol. Cofiwch, mae angen i chi gyfleu'r hyn yr ydych wedi'i ddysgu i drydydd parti (yr arholwr). Peidiwch â gadael dim i ffawd – defnyddiwch nodiadau ac anodiadau i gyfeirio at ddarnau penodol ar eich taflenni neu yn eich llyfr gwaith ac eglurwch yr hyn y maent yn ei ddangos. Mae hyn yn llawer gwell na gadael i'r arholwr geisio tynnu enghreifftiau ar hap at ei gilydd a dod i'w gasgliadau ei hun.

Nid oes unrhyw reolau pendant ynglŷn â sut i ymdrin â'r pedwar maes hyn a chyfleu eich canfyddiadau. Yn y tudalennau nesaf edrychir arnynt yn fwy manwl i helpu i roi rhywfaint o syniadau i chi.

Syniadau, Teimladau ac Ystyron

▲ Mae celf haniaethol y gwrthwyneb i gelf ffigurol. Mae'n dibynnu ar liw, siâp ac elfennau gweledol i fynegi teimlad neu syniad.

Un o brif amcanion y cwrs hwn yw eich helpu i wella eich prosesau meddwl creadigol ac ehangu eich pwerau dychmygu. Ar y cyd â hyn, bydd angen i chi ddatblygu eich sgiliau ymarferol fel y gallwch gyfleu eich syniadau a mynegi eich teimladau'n llwyddiannus drwy gelf, crefft a dylunio.

Ar gyfer pob uned o waith bydd gennych fan cychwyn. Gallai hwn fod yn friff dylunio penodol neu'n rhywbeth mwy penagored fel thema i'w harchwilio (gweler tud. 86-87). Mae llawer o artistiaid yn cynhyrchu gwaith yn seiliedig ar bwnc amserol, cymdeithasol, gwleidyddol, crefyddol neu foesol. Mae hyn yn gwneud eu gwaith yn hygyrch i gynulleidfa eang tra'i fod yn caniatáu iddynt fynegi safbwynt personol.

Peidiwch â chynhyrfu os na chewch chi ysbrydoliaeth ar unwaith. Dechreuwch drwy wneud rhywfaint o ymchwil ar y pwnc – dylai hynny helpu i gynhyrchu gwahanol syniadau ar gyfer gwaith. Dim ond cwpl o syniadau da sydd eu hangen arnoch i roi cychwyn arni. Wrth i chi archwilio a datblygu'r rhain ymhellach, byddwch yn darganfod bod rhagor a rhagor o bosibiliadau yn dod i'ch meddwl. Unwaith y dewch i'r arfer o feddwl yn greadigol, bydd syniadau newydd yn dod i'ch pen drwy'r amser. Gwnewch yn siŵr eich bod yn mynd â llyfr nodiadau gyda chi i bobman fel y gallwch nodi'r syniadau hyn ar unwaith.

Trafodwch eich syniadau gyda phobl eraill. Bydd gan athrawon, teulu a ffrindiau, sy'n cynrychioli'r gwahanol rywiau ac amrywiaeth o grwpiau oedran, i gyd ffyrdd gwahanol o feddwl a gallai fod ganddynt awgrymiadau diddorol ar gyfer datblygu eich syniadau ymhellach.

Mae celf a dylunio yn y bôn yn ymwneud â mynegi syniadau drwy gyfrwng gweledol. Does dim pwrpas cael syniadau gwych os na allwch eu gweithredu a'u cyfleu'n effeithiol i drydydd parti. I'ch helpu i wneud hynny, edrychwch ar waith a gynhyrchwyd gan wahanol ymarferwyr hanesyddol a chyfoes. Edrychwch ar sut y bu iddynt ymdrin â phroject, briff neu thema benodol, a sut y bu iddynt gynhyrchu eu syniadau. Wedyn edrychwch ar y gwaith a ddeilliodd o hynny. Sut maen nhw'n cyfleu eu syniadau? Yn eich barn chi, a yw eu dulliau'n effeithiol? Peidiwch â bod ofn beirniadu eu gwaith. Os nad ydych chi'n hoffi rhywbeth, nodwch yr hyn y byddech chi'n ei newid a pham.

Edrychwch ar arddull y darn – mae rhai artistiaid yn dewis creu delwedd sy'n portreadu eu syniadau mewn ffordd uniongyrchol neu ffigurol, tra bod yn well gan eraill ddefnyddio lliw a ffurf haniaethol i ddal hanfod awyrgylch neu deimlad.

Edrychwch am symbolaeth – gall anifeiliaid, blodau, symbolau ac ati gynrychioli gwahanol bethau mewn gwahanol ddiwylliannau a chrefyddau. Er enghraifft, mae'r golomen yn symbol o heddwch a gydnabyddir yn gyffredinol a defnyddir y lili i ddynodi purdeb mewn peth celfyddyd grefyddol.

Meddyliwch yn ofalus am y defnyddiau a ddefnyddiwyd, y technegau dan sylw a'r gwahanol elfennau gweledol e.e. lliw, llinell a thôn (gweler tud. 22-32). Bydd y rhain i gyd yn cael dylanwad sylweddol ar y modd y caiff darn o waith ei ystyried.

Mae llawer o ddarnau gwaith celf yn ymddangos yn syml ar yr olwg gyntaf ond wrth i chi ystyried y tarddiadau a'r cefndir maent yn datblygu ystyr newydd. Gwnewch rywfaint o ymchwil i alegori mewn celf. Gall hyn eich helpu i adnabod a deall cymeriadau a digwyddiadau a ddefnyddir gan rai artistiaid i gynrychioli syniad moesol neu ysbrydol.

Nawr gallwch roi'r hyn yr ydych wedi'i ddysgu ar waith yn eich gwaith eich hun. Eich gwaith chi yw gwneud y defnydd mwyaf effeithiol o'ch canfyddiadau a chyfleu eich syniadau a'ch teimladau i'r gynulleidfa.

▲ Mae celf ffigurol neu gynrychioliadol yn portreadu pethau yr ydym yn eu hadnabod o'r byd o'n cwmpas.

◄ Mae celf sydd â thema grefyddol yn aml yn cynnwys symbolaeth. Mae'r angel hwn sy'n dal coesyn o lilis yn cynrychioli purdeb a rhinwedd.

▼ Defnyddiodd y myfyriwr hwn y 'Statue of Liberty', emblem Americanaidd enwog sy'n cynrychioli rhyddid, fel sail i ddarn gwleidyddol. Mae'r tudalennau cyfatebol yn ei lyfr brasluniau'n dangos sut y datblygodd ei syniadau.

15

O fewn yr ardystiad a ddewiswyd gennych, bydd disgwyl i chi gynhyrchu'r ystod ehangaf posibl o waith. Mae'n bosibl y bydd y defnyddiau a'r cyfleusterau sydd ar gael o fewn adran Gelf a Dylunio eich coleg/ysgol ac arbenigeddau'r staff dysgu yn eich cyfyngu, er hynny, dylai fod gennych ddigon o le i archwilio.

Dylech fod yn gallu defnyddio defnyddiau sydd ar gael yn gyffredin mewn adrannau celf ysgolion, yn cynnwys pensiliau lliw, pennau ffelt, creonau cwyr, pensiliau, paent, ffyn graffit, pasteli, sialciau, inciau a siarcol. Lle mae hynny'n briodol dylech hefyd geisio arbrofi ag ystod ehangach o ddefnyddiau, er enghraifft clai, pren, metel, carreg, ffotograffiaeth, tecstilau, creu printiau a TGCh.

Wrth ddefnyddio gwahanol ddefnyddiau, ceisiwch fod mor drylwyr â phosibl yn eich ymchwiliadau. Yn aml gall rhywbeth mor syml â defnyddio papur o ansawdd neu liw gwahanol gael effaith weledol gref.

Ceisiwch arbrofi â gwaith dau a thri dimensiwn fel ei gilydd ac amrywiaeth o raddfeydd. Mae hyn yn dangos y gallwch wireddu eich syniadau gan ddefnyddio lle, cyfaint, siâp a ffurf. Gyda phob darn o waith yr ydych yn ei gynhyrchu, ceisiwch fod yn

▼ Arbrofwch â chyfuno gwahanol ddefnyddiau

Gwahanol Brose

ymwybodol o'r holl elfennau gweledol (tud. 22-32).

Gwnewch yn siŵr eich bod yn cynnwys esboniadau a disgrifiadau o'r holl wahanol dechnegau a phrosesau yr ydych wedi eu harchwilio, i ddangos eich bod wedi mynd i'r afael â meini prawf y cwrs yn llawn. Mae'n annhebygol y byddwch yn eu defnyddio i gyd yn y darn terfynol, felly mae'n hanfodol eich bod yn rhoi tystiolaeth o'ch gwaith ymchwil a'ch gwaith rhagarweiniol.

Celf, Crefft a Dylunio

Dylid cofnodi'r gwahanol ddefnyddiau, technegau a phrosesau i gyd yn eich llyfr braslunio. Mae'r rhan fwyaf o fyfyrwyr yn cyflwyno'r rhai perthnasol ar ddalennau wedi'u mowntio pan fyddant yn cyflwyno'u gwaith i'w asesu.

Mae'n bwysig astudio arferion hanesyddol yn ogystal â rhai cyfoes er mwyn deall yn llawn sut y maent wedi datblygu a'r effaith y mae hyn wedi'i gael ar y gwaith y mae artistiaid, dylunwyr a chrefftwyr yn gallu'i gynhyrchu. Mae'n bosibl y dewch o hyd i broses yr ydych eisiau ymchwilio ymhellach iddi yn eich gwaith eich hun neu benderfynu arbrofi â thechneg draddodiadol nad oeddech wedi ei hystyried o'r blaen. I gael y marciau uchaf posibl, gwnewch yn siŵr eich bod yn egluro sut mae hyn yn effeithio ar eich ffordd o weithio a'r canlyniadau yr ydych yn eu cyflawni.

Yn gyffredinol, po fwyaf o ddefnyddiau, technegau a phrosesau y byddwch yn eu dangos, y gorau fydd eich marciau. Er hynny, i sicrhau'r marciau uchaf mae angen i chi ddangos yr elfennau hyn yn fedrus. Nid yw potshian â thechneg yn ddigon, mae angen i chi ei hastudio yn ddwfn a'i hymarfer nes y gallwch ei defnyddio'n hyderus.

▲ O'u defnyddio'n briodol, gellir disgrifio cymwysiadau TGCh fel prosesau celf a dylunio.
▲ Mae cynhyrchu darnau prawf bach yn ffordd ragorol o brofi gwahanol dechnegau a datblygu sgiliau newydd (*gweler y darnau tecstilau ar y dudalen gyferbyn hefyd*).

Gwaith Ymarferwyr Eraill

Drwy gydol y cwrs hwn dylech dyfu a datblygu fel artist neu ddylunydd. Un o'r ffyrdd gorau o wella eich dulliau gweithio a'ch helpu i ddatblygu arddull bersonol yw astudio ymarferwyr eraill (h.y. artistiaid, crefftwyr a dylunwyr).

Gellir dod o hyd i ymarferwyr cyfoes yn gweithio mewn amrywiaeth o feysydd, yn cynhyrchu gwaith eithriadol o amrywiol. Maent yn tynnu ar ystod o ddylanwadau o wahanol gyfnodau a lleoedd. Mae rhai'n defnyddio technegau traddodiadol tra bo eraill yn manteisio ar y defnyddiau a'r dechnoleg ddiweddaraf. Mae'r amrywiaeth mor fawr, byddai bron yn amhosibl peidio â darganfod rhywun sy'n cynhyrchu gwaith sy'n apelio atoch. Eich cyfrifoldeb chi yw gwneud rhywfaint o ymchwil a dod o hyd i'r artist neu'r dylunydd y bydd ei waith a'i ddulliau'n dylanwadu arnoch ac yn eich ysbrydoli.

Does dim rhaid i chi o angenrheidrwydd astudio'r meistri cydnabyddedig (h.y. artistiaid enwog y mae eu gwaith wedi'i arddangos mewn casgliadau cenedlaethol o amgylch y byd). Ceir llawer o ymarferwyr llai adnabyddus sy'n cynhyrchu gwaith o safon dda. I ennill marciau da yn y maes hwn, byddwch yn barod i fynd i chwilio am y bobl hyn. Ceir pentwr o wyliau celf, sioeau crefft, orielau ac arddangosfeydd lleol, ffeiriau masnach ac ati lle y gwelwch bobl yn arddangos eu gwaith a'u sgiliau. Ceir digwyddiadau mwy ffurfiol hefyd e.e. lle gwahoddir artist neu ddylunydd i roi sgwrs.

▲ Mae'r myfyrwyr hyn wedi astudio gwaith Friedrich, Van Gogh a Lichtenstein (rhes uchaf, o'r chwith i'r dde), ac yna wedi mynd ati i gynhyrchu darnau gwreiddiol yn yr un arddull.

◄ Mae amgueddfeydd ac orielau yn fannau da i astudio gwaith ymarferwyr eraill yn uniongyrchol.

Peidiwch â bod ofn codi'r ffôn a chysylltu ag artist penodol. Byddwch yn gwrtais, eglurwch yr hyn yr ydych yn ei wneud a bod gennych ddiddordeb yn ei waith. Os yw'n ymddangos yn barod i siarad, gofynnwch a fyddai'n bosibl cwrdd ag ef/hi yn bersonol neu ymweld â'i stiwdio. Drwy astudio'r bobl hyn yn uniongyrchol, byddwch yn cael llawer gwell syniad o'r broses greadigol a'u dulliau o weithio.

Dylech ystyried ceisio trefnu rhywfaint o hyfforddiant wedi'i seilio ar waith neu wirfoddoli fel cynorthwy-ydd di-dâl mewn stiwdio gelf neu ddylunio leol. Mae'n bosibl y byddai'n werth gofyn i sefydliadau diwydiannol neu fasnachol eraill yn dibynnu ar eich diddordebau penodol. Mae myfyrwyr yn y gorffennol wedi cynhyrchu gwaith llwyddiannus ar ôl ymweld â stiwdios dylunio mewnol, ffowndrïau, ffatrïoedd teils ceramig, adrannau gwisgoedd theatr, swyddfeydd dylunio tirwedd, unedau cynhyrchu ar gyfer teledu, gweithdai chwythu gwydr ac ati.

Neu fel arall, gallech ddewis y dull mwy traddodiadol o astudio'r gwaith a gynhyrchwyd gan ymarferwyr o'r gorffennol a rhai cyfoes mewn amgueddfeydd ac orielau. Mae gan rai sefydliadau fel hyn gyfleusterau ymchwil a deunydd archif arbenigol, y gall myfyrwyr eu defnyddio ar gyfer astudio ymhellach drwy wneud cais am hynny.

Gall astudio gwaith ymarferwyr eraill eich helpu i ddeall y rôl gymhleth a chwaraeir gan yr artist mewn cymdeithas. Gobeithio y byddwch yn dechrau dod i werthfawrogi sut mae gwaith unigolion yn cyfrannu at y darlun ehangach a'r effaith y gall hynny ei gael ar y byd celf.

▼ Mae'r ddalen hon wedi'i mowntio'n cynnwys ffotograffau, brasluniau a nodiadau a wnaethpwyd yn ystod ymweliad â pharc cerfluniau.

▲ Mae'r ffotograffau hyn yn cofnodi ymweliad â gweithdy cerameg Diana Hall.

Gall ymchwilio i gyd-destun cymdeithasol, hanesyddol a diwylliannol darn eich helpu i ddatblygu gwell dealltwriaeth o sut a pham y cynhyrchwyd ef. Gall hefyd daflu goleuni ar ffactorau sy'n dylanwadu ar eich gwaith eich hun, y gallech fod wedi eu hanwybyddu cyn hynny.

Ers dyddiau cynnar dyn, mae pobloedd o bob rhan o'r byd wedi bod yn cynhyrchu delweddau ac arteffactau. Yn hanesyddol, mae'r rhain yn amhrisiadwy, nid yn unig oherwydd eu gwerth esthetig ond oherwydd yr hyn y maent yn ei ddweud wrthym am ffordd o fyw a chredoau'r bobl a'u creodd a'r pethau oedd yn digwydd ar y pryd.

Mae pobl o wahanol gyfandiroedd yn aml yn cynhyrchu gwaith gwahanol iawn, felly mae'n bwysig eich bod yn edrych ar enghreifftiau o bob rhan o'r byd (nid o'r DG a Gorllewin Ewrop yn unig), yn ddelfrydol, yn uniongyrchol mewn amgueddfa neu oriel. Efallai y byddwch yn darganfod ei bod yn bosibl ymgorffori'r defnyddiau, y technegau a'r prosesau a ddefnyddir yn effeithiol yn eich gwaith eich hun. Er budd yr arholwr, tynnwch sylw at y modd y gwnaethoch hyn.

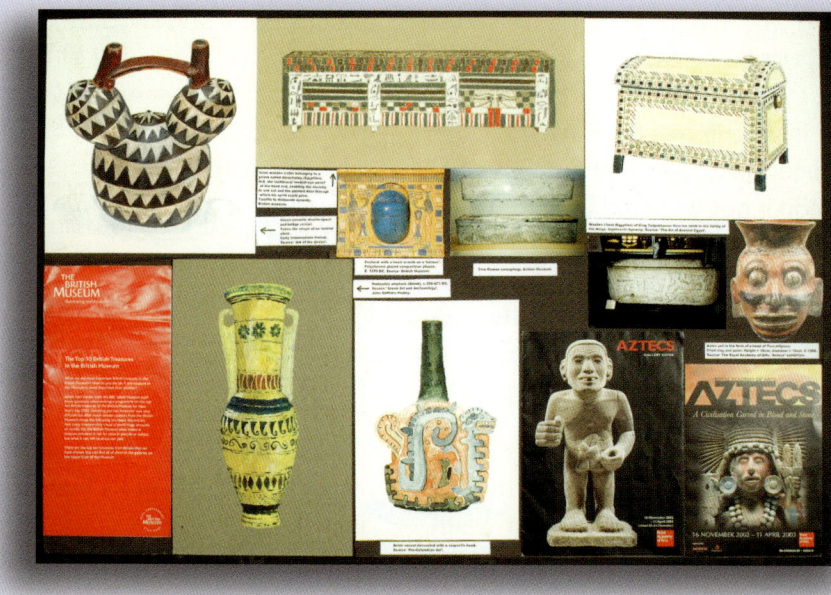

Inner wooden coffin belonging to a priest called Amenhotep (Egyptian). N.B. the traditional 'wedjat-eye panel' at the head end, enabling the mummy to see out and the painted door through which his spirit could pass.
Twelfth to thirteenth dynasty, British museum.

▲ Mae angen i'r myfyriwr hwn wybod rhywbeth am gredoau'r Hen Eifftiaid i ddeall arwyddocâd y symbolau ar yr arch hon.

Cyd-destun Cymdeithasol

Pan fyddwch yn astudio gwaith o wahanol gyfnodau a diwylliannau, dylech edrych nid yn unig ar sut y cafodd ei gynhyrchu, ond hefyd ar y rheswm pam y cafodd ei gynhyrchu. Caiff agweddau crefyddol, defodol a chymdeithasol y diwylliant neu'r cyfnod eu hadlewyrchu'n aml yn y gwaith a gynhyrchir. Mewn llyfrau ac amgueddfeydd, fe gewch hyd i gofnodion gweledol o ddigwyddiadau pwysig, arteffactau seremonïol, arwyddluniau o ysbryd cymunedol a darnau'n dangos defodau newid byd. Peidiwch ag anwybyddu darnau fel hyn fel ffynhonnell i ysbrydoliaeth artistig.

▶ Mae'r darn amlgyfrwng hwn yn gwneud sylw uniongyrchol am ddigwyddiadau a materion byd-eang. Mae ymarferwyr yn y gorffennol wedi defnyddio celfyddyd at ddibenion tebyg.

20

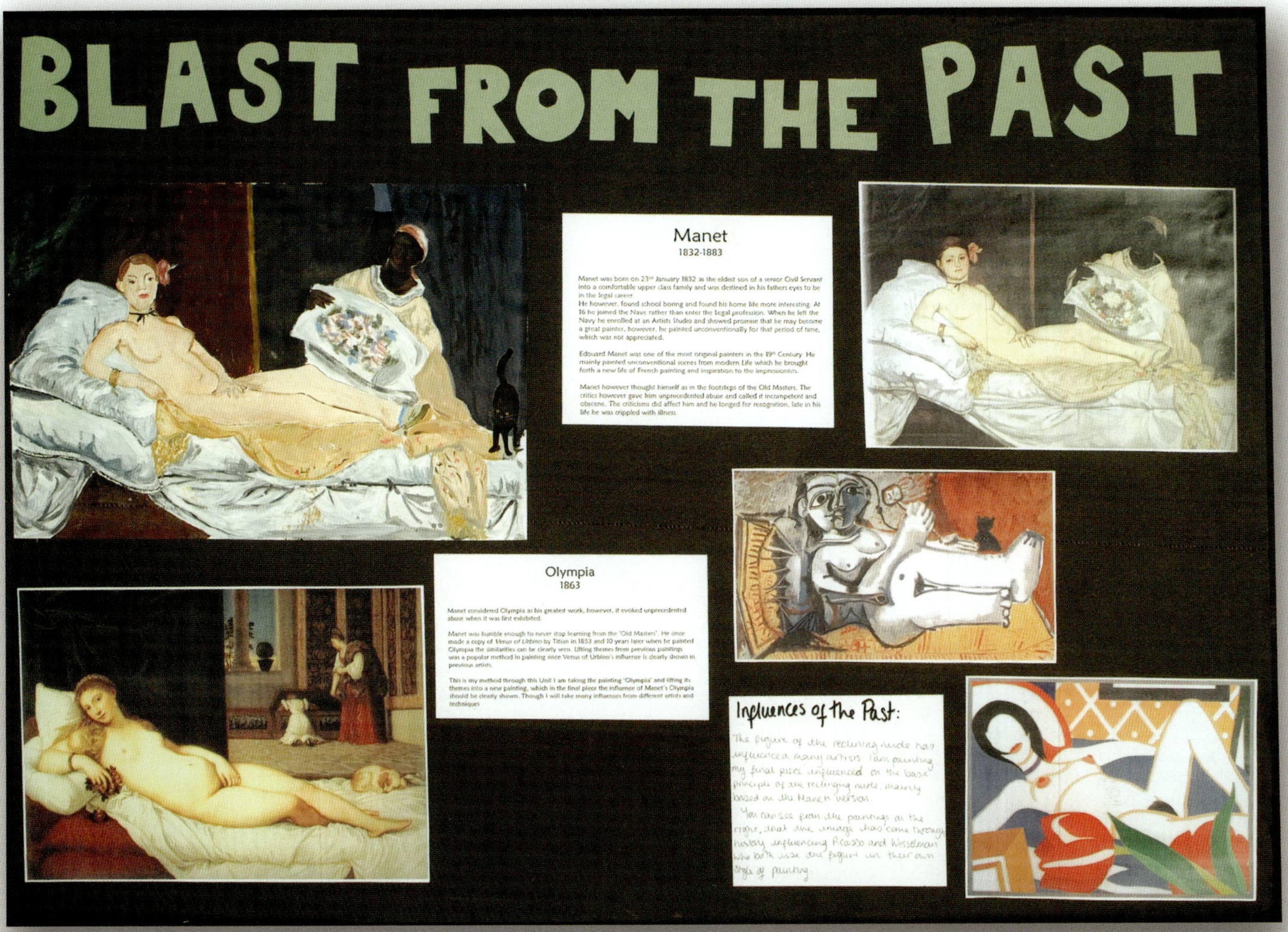

BLAST FROM THE PAST

Hanesyddol a Diwylliannol

▲ Mae'r myfyriwr hwn wedi edrych ar y ffigur noeth lledorweddol yng nghyd-destun gwahanol gyfnodau hanesyddol a sut y derbyniwyd hynny gan gymdeithas y cyfnodau hynny.

I fynd i'r afael â'r maen prawf asesu hwn yn llawn, nid yw llwytho hanes bywyd artistiaid i lawr o'r we neu atgynhyrchu dyluniadau o ddiwylliant neu fudiad penodol yn ddigon. Bydd angen i chi ddysgu am wahanol ddiwylliannau a digwyddiadau hanesyddol er mwyn deall yr ysgogiad a'r ystyr y tu cefn i wahanol ddarnau. I wneud hyn bydd angen i chi edrych y tu hwnt i'r ystafell ddosbarth. Gall olygu ychydig mwy o ymdrech ar eich rhan chi, ond dylech gael ei fod yn werth chweil.

Peidiwch â'ch cyfyngu eich hun i ddarnau hanesyddol chwaith. Gall darnau cyfoes fod yr un mor ddiddorol pan astudir hwy mewn cyd-destun cymdeithasol a diwylliannol. Ceisiwch edrych ar waith gan artistiaid neu ddylunwyr lleol neu genedlaethol i weld beth mae eu gwaith yn ei ddweud am yr ardal yr ydych chi'n byw ynddi a'r wlad hon.

▶ Gydag ychydig o ymchwil, mae patrymau a motiffau arddulliedig, fel yr un Llychlynnaidd hwn, yn aml yn dangos rhywbeth am y diwylliant a'u cynhyrchodd.

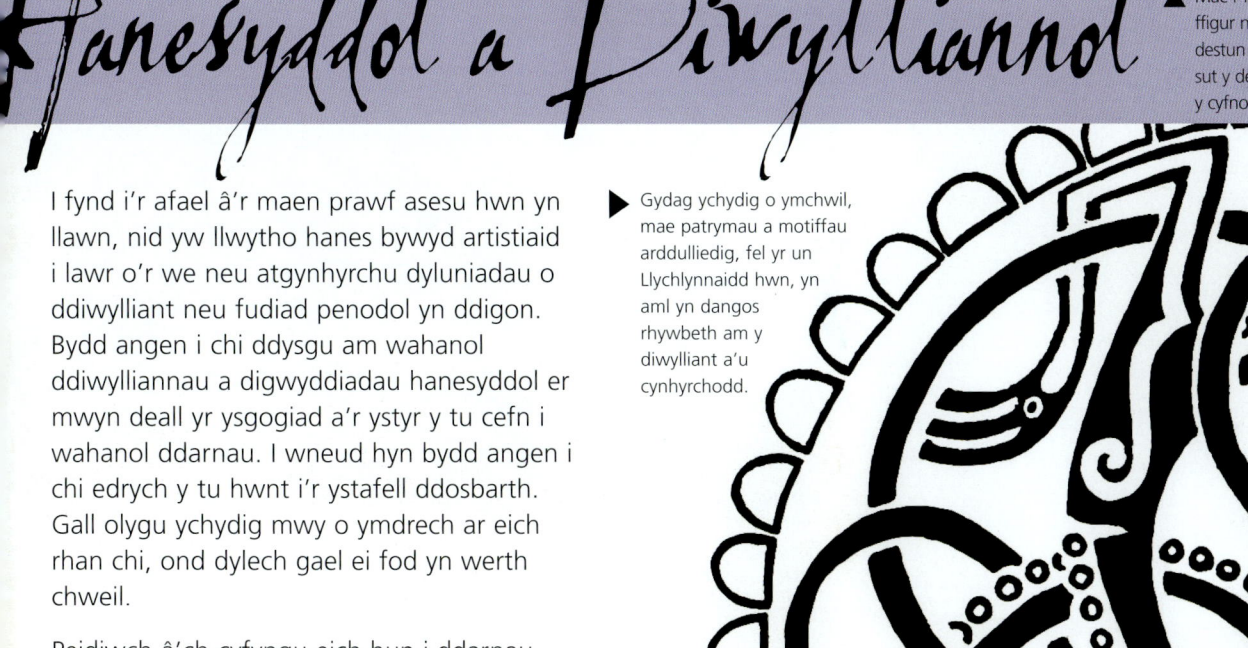

Yr Elfennau Gweledol

Mae angen gwybodaeth weithiol dda o 'Elfennau Gweledol' ar bob myfyriwr Celf a Dylunio. Dyma'r cydrannau ffisegol sylfaenol sy'n ffurfio darn o gelf a dylunio:

- Lliw
- Llinell
- Tôn
- Gwead
- Siâp a Ffurf

Mae angen i chi ddeall sut y gellir defnyddio a thrin pob elfen er mwyn cynhyrchu gwahanol effeithiau yn eich gwaith ac effeithio ar y ffordd y caiff ei ystyried gan drydydd parti. Y ffordd orau o ddysgu am y pethau hyn yw edrych sut mae artistiaid eraill yn eu defnyddio.

Unwaith y byddwch yn deall y theori, gallwch wedyn weithio tuag at ddatblygu eich sgiliau ymarferol. Dylech allu defnyddio'r elfennau hyn yn eich gwaith eich hun i gael yr effaith orau; i gyfleu eich syniadau'n effeithiol.

Mae'r tudalennau sy'n dilyn yn edrych ar bob un o'r elfennau yn eu tro a dylent eich helpu i ddeall rhai o'r ffyrdd y gellir eu defnyddio yn eich gwaith.

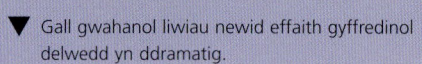
▼ Gall gwahanol liwiau newid effaith gyffredinol delwedd yn ddramatig.

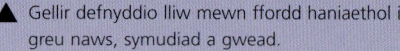
▲ Gellir defnyddio lliw mewn ffordd haniaethol i greu naws, symudiad a gwead.

Lliw

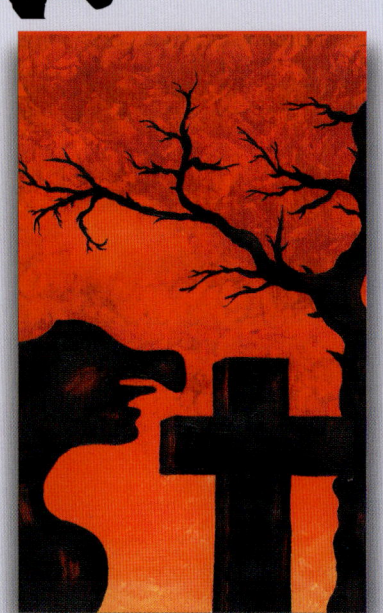

Drwy gydol y cwrs hwn, mae'n rhaid i chi ddangos gwybodaeth gadarn o liw a theori lliw. Mae angen i chi wybod enwau lliwiau, y gwahanol fathau o liw a sut i gymysgu lliwiau.

Bydd gennych beth gwybodaeth o liwiau pan fyddwch yn dechrau ar y cwrs, ond mae angen i'ch dealltwriaeth fod yn llawer mwy arbenigol ar lefel TGAU.

Ceir tri lliw allweddol ym mhalet yr artist: coch, melyn a glas. Gelwir y rhain yn **Lliwiau Sylfaenol** oherwydd na ellir eu cymysgu o liwiau eraill. Mewn theori, dyma'r unig liwiau sydd eu hangen arnoch, gan y gellir cymysgu'r holl liwiau eraill ohonynt.

Cynhyrchir **Lliwiau Eilaidd** pan gaiff dau liw sylfaenol eu cymysgu mewn mesurau cyfartal:

Coch + Glas = Fioled
Glas + Melyn = Gwyrdd
Melyn + Coch = Oren

Cynhyrchir **Lliwiau Trydyddol** pan gaiff lliw sylfaenol a lliw eilaidd eu cymysgu.

Mae **Olwyn Liwiau** (gweler y dudalen gyferbyn) yn declyn defnyddiol iawn. Gall eich helpu i ddeall y syniadau hyn a'u rhoi ar waith yn eich gwaith eich hun.

Defnyddir tri therm sylfaenol i ddisgrifio lliw: arlliw, dirlawnder a thôn. Gellir ymdrin â phob un o'r rhain yn unigol, ond maent i gyd yn gweithio ar y cyd â'i gilydd.

Diffinnir **arlliwiau** yn ôl 'cochni', 'melynder' neu 'lesni' lliw. Er enghraifft, mae sgarlad a rhuddgoch yn arlliwiau o goch. Mae rhuddgoch yn fwy 'glas' a sgarlad yn fwy 'melyn' (gweler y diagram ar y dudalen gyferbyn). Mae ymchwil wyddonol yn awgrymu bod y llygad dynol yn gallu dirnad tua 150 o wahaniaethau mewn arlliw.

Mae **dirlawnder** yn disgrifio purdeb neu ddwysedd lliw.

Gellir newid **tôn** drwy wneud lliw yn oleuach neu'n dywyllach. Pan ychwanegir gwyn at liw mae'n cynhyrchu tint (neu arlliw goleuach) ac yn lleihau dirlawnder y lliw. Pan ychwanegir du mae'n cynhyrchu graddliw (neu arlliw tywyllach) ac yn lleihau dirlawnder y lliw.

Mae gan liwiau wahanol ansoddau a phriodweddau hefyd. Mae angen i chi eu hadnabod a gallu eu defnyddio i bwrpas yn eich gwaith.

Lliwiau Cyflenwol (neu Gyferbyniol) yw'r rheiny sy'n uniongyrchol gyferbyn â'i gilydd ar yr olwyn liwiau. O'u gosod yn ymyl ei gilydd, bydd dwysedd dau liw cyflenwol yn ymddangos fel pe bai'n cynyddu.

Mae **Lliwiau Cydweddol (neu Gytûn)** ochr yn ochr ar yr olwyn liwiau.

Mae **Lliwiau Cynnes** yn ymddangos ar ochr dde'r olwyn liwiau e.e. coch, oren a melyn.

Mae **Lliwiau Oeraidd** yn ymddangos ar ochr chwith yr olwyn liwiau e.e. glas, gwyrdd ac indigo.

Mae **Lliwiau Cynyddol** yn edrych fel pe baent yn dod tuag atoch. Mae'r rhain yn tueddu i fod yn lliwiau cynnes neu ddirlawn.

Mae **Lliwiau Enciliol** yn diflannu oddi wrthych. Mae'r rhain yn tueddu i fod yn lliwiau oer neu lai dirlawn.

Mae lliw'n cario symbolaeth gref. Gellir ei ddefnyddio i greu naws, ennyn emosiwn neu greu drama. Er enghraifft, mae coch yn lliw cynnes a ddefnyddir yn aml i ddangos angerdd, gall glas a melyn fod yn ddeinamig ac yn gyffrous, a gall brown, gwyrdd a lliwiau 'naturiol' eraill gael effaith lonyddol.

Mae artistiaid, dylunwyr a chrefftwyr i gyd yn defnyddio'r cysyniadau hyn yn eu gwaith. Mae dylunwyr graffig yn eu defnyddio i werthu cynhyrchion, mae dylunwyr theatr yn eu defnyddio i greu rhithiau ar lwyfan, mae dylunwyr ffasiwn a thecstilau'n eu defnyddio i greu dyluniadau trawiadol a phrydferthol ac mae arlunwyr tirluniau'n eu defnyddio i greu persbectif llawn naws a synnwyr o bellter.

Gall arbrofi â theori lliw arwain at ddarganfod pethau syfrdanol, a fydd yn cael effaith ddramatig ar y gwaith yr ydych yn ei gynhyrchu. Hefyd, os ydych yn deall y damcaniaethau hyn, gallwch edrych ar weithiau mewn oriel neu amgueddfa a dechrau

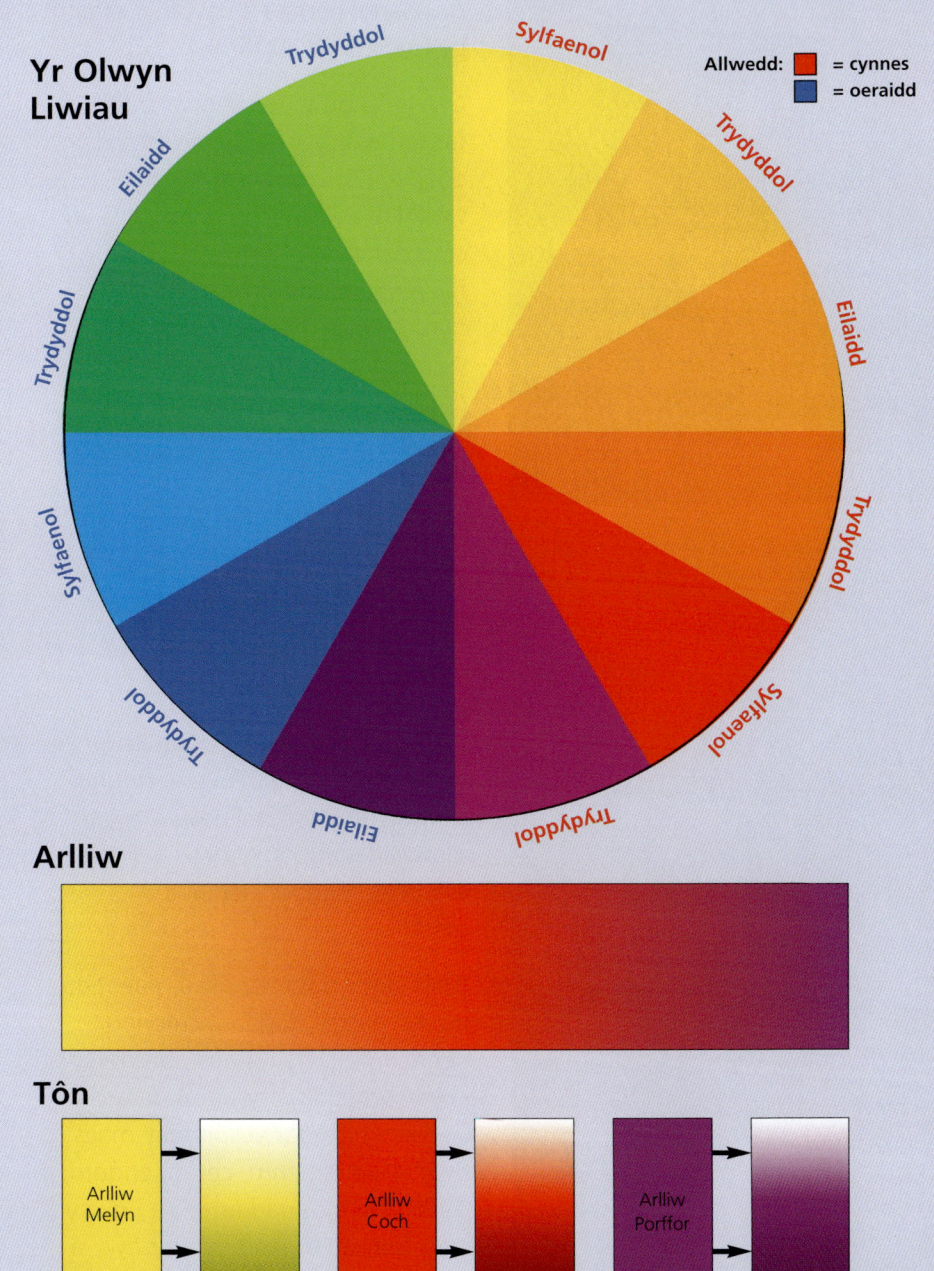

gwerthfawrogi cymhlethdodau'r gwaith celf o ddifrif, heb hyd yn oed ddeall y testun na theitl y gwaith.

Mae'r olwyn liwiau ar y dudalen hon yn berthnasol i bigmentau artistiaid megis olew, gouache, dyfrlliw, acryligion ac ati. Os ydych wedi dewis un o'r meysydd astudio mwy arbenigol, bydd angen i chi ddeall y gwahaniaeth rhwng y lliwiau a ddefnyddir wrth weithio gyda phigmentau celf, inciau/llifynnau argraffu a golau.

Mae'r **Broses Argraffu Bedwar Lliw (CMYK)**, yn defnyddio tri lliw sylfaenol, gwyrddlas, magenta a melyn, ar y cyd â du.

Mae gan **Oleuni Lliw** (e.e. goleuadau llwyfan a sgriniau cyfrifiaduron neu deledu) dri lliw sylfaenol, sef coch, glas a gwyrdd, sy'n cynhyrchu golau gwyn pan roddir hwy gyda'i gilydd.

◀ Mae'r diagram yn dangos gwahanol arlliwiau o goch. Mae sgarlad ar ochr felyn coch a rhuddgoch ar yr ochr las.

◀ Gellir cael gwahanol donau drwy ychwanegu gwyn i oleuo arlliw a du i'w dywyllu. Gelwir lliwiau golau yn *dintiau*, gelwir arlliwiau tywyll yn *raddliwiau*.

Am ganrifoedd, mae artistiaid, dylunwyr a chrefftwyr wedi dibynnu ar eu gallu i fynegi meddyliau, syniadau a theimladau â llinell syml.

Nid dim ond marciau a wneir â phensil neu ben yw llinellau – mae'r ystod o gyfryngau sydd ar gael i chi yn enfawr, yn cynnig ffyrdd dibendraw o'ch mynegi eich hun. Yn yr un modd, wrth wneud marc llinellog, mae amrywiadau diderfyn yn bosibl. Gall pwysau a thrwch y llinell a'r ffordd yr ydych yn defnyddio cyfrwng penodol fynegi llawer iawn. Gall llinellau sy'n lledu a chulhau roi amlinellau, dyfnder a theimlad o le, tra gall y ffordd y caiff marciau eu gosod, y nerth a ddefnyddiwyd i'w gwneud a pha mor rhugl neu betrus y gwnaethpwyd hwy i gyd gyfleu gwahanol bethau a newid yr effaith gyffredinol yn aruthrol.

Gall y ffordd y trefnir gwahanol farciau a'u cysylltu â'i gilydd fod yn ddadlennol iawn. Gall rhuglder weithiau adlewyrchu a yw artist yn creu delwedd o wrthych sydd o'i flaen neu o'i ddychymyg. Gall y ffyrdd y mae llinellau'n llifo, torri, ymuno a gorgyffwrdd hefyd greu rhithiau o ddyfnder neu gadernid

▲ Mae'r pysgod aur hyn wedi'u tynnu mewn modd sy'n dangos dylanwad celf ddwyreiniol, gan ddefnyddio llinellau llyfn sy'n addas i'r testun.

▼ Defnyddir llinellau wedi'u pwytho i greu symudiad yn y darn hwn.

llinell

ffurf. Gall cyfuniadau o ddulliau hefyd fod yn effeithiol e.e. cyfuno llinellau ar gyfer amlinellu â thrawiadau llydan, croes-linellog ac ystumiau ysgubol i lenwi a graddliwio.

Gellir defnyddio pensiliau, paentiau, inciau, pasteli, sialciau, creonau, pennau ffelt, ffyn graffit, siarcol ac ati i gyd i wneud amrywiaeth o farciau. Lledwch eich gorwelion yn y maes hwn. Mae ysgythru, cerfio, endorri, crafu, pwytho, naddu ac ati i gyd yn creu llinellau a phan gyfunir hwy â gwahanol ddefnyddiau gallant greu posibiliadau dibendraw.

▲ Cynhyrchir y dyluniadau ar gyfer ysgythru drwy ddefnyddio nodwydd finiog, sy'n creu llinellau main nodweddiadol a chroeslinellog.

Bydd yr arholwr hefyd yn disgwyl i chi arddangos ystod o arddulliau. Gellir defnyddio teclyn syml fel pensil mewn nifer fawr o ffyrdd. Arbrofwch â defnyddio gwahanol raddau a defnyddio gwahanol bwysau; ceisiwch ddefnyddio symudiad dabio neu farciau croes-linellog i gynhyrchu gweadau arwyneb gwahanol; cyferbynnwch linell sy'n llifo â marciau mwy onglog …

Gwnewch yn siŵr eich bod yn edrych ar y ffordd y mae gwahanol ymarferwyr wedi defnyddio llinell yn y gorffennol; dylai roi syniadau i chi ar gyfer arbrofi ymhellach.

Mae artistiaid fel Picasso, Dürer, Degas a Matisse yn enwog am eu gwaith arbrofol, bywiog yn y maes hwn ac mae eu brwdfrydedd i geisio dal union deimladau a hwyliau wedi ysbrydoli llawer. Gallwch hefyd edrych ar ddelweddau mewn hysbysebion, ar ddeunydd pecynnu, ar decstilau printiedig a gwneud, ar draws adeilwaith llenfetel, mewn creu printiau ac ati. Maent i gyd yn dibynnu ar lyfnder a defnydd llinell i gyfleu gwahanol syniadau.

▶ Mae'r gwawdlun hwn yn defnyddio llinellau pen ffelt trwchus ar gyfer yr amlinelliad, a llinellau meinach ar gyfer y graddliwio.

Mae tôn yn cyfeirio at y graddoli o olau i dywyll ar arwyneb gwrthrych pan fydd golau'n disgyn arno. Fe'i defnyddir yn aml i gyfeirio at liw (gweler tud. 24-25), ond mae hefyd yn berthnasol i ddarnau lle na ddefnyddir unrhyw liw o gwbl. Mae'n arbennig o bwysig i roi dyfnder i ddelweddau dau ddimensiwn fel ffotograffau a lluniau.

Bydd gwaith tonaidd yn eich helpu i ddeall ffurfiau a braslunio delweddau yn gyflym. Eto, mae amrywiaeth eang o ddefnyddiau a dulliau ar gael i chi. Gellir defnyddio siarcol, pensil, pasteli, brws a golchad inc ac ati i gyd i ddal hanfod ffurf yn gyflym ac yn effeithiol.

Gall tôn greu teimlad ac awyrgylch anhygoel mewn darn o waith. Gellir ei ddefnyddio i fynegi arwynebedd gwastad o oleuni ac ardaloedd o gysgod heb ddefnyddio unrhyw farciau llinellog o gwbl. I helpu i ddeall tôn, hanner caewch eich llygaid ac edrychwch ar wrthrych drwy flew eich amrannau. Mae hyn yn gwneud llinellau'r gwrthrych braidd yn aneglur ac yn caniatáu i'r ardaloedd o oleuni a thywyllwch sefyll allan.

Yn y lle cyntaf, mae'n help os ydych yn boddi'r gwrthrych yr ydych yn ei astudio â golau o un ffynhonnell. Bydd hyn yn ei gwneud yn haws i chi ei weld, gan roi ardaloedd o olau cryf a chysgod tywyll. Mae'r anhawster yn codi pan fyddwch yn astudio'r tonau trawsnewidiol o olau i dywyllwch a'u portreadu'n fanwl. Mae angen bod yn weddol gynnil. Mae'n aml yn help os byddwch yn adeiladu'r ardaloedd hyn yn raddol, gan ychwanegu haen ar ôl haen nes y ceir yr effaith a ddymunir. Gallech hefyd arbrofi â defnyddio rhwbiwr i oleuo ardaloedd mewn llun pensil.

Chewch chi ddim trafferth i gael hyd i enghreifftiau sy'n bodoli eisoes o gelf a dylunio sy'n dangos defnydd da o dôn. Defnyddiai artistiaid fel Rembrandt a Caravaggio eithafion o oleuni a thywyllwch yn eu cyfansoddiadau i oleuo rhan benodol o'r paentiad a chynyddu ei effaith ddramatig. Y term technegol ar wrthbwyso goleuni a thywyllwch yn y ffordd hon yw 'Chiaroscuro' neu 'Clair-Obscur'.

28

Tôn

▲ Oherwydd absenoldeb lliw, mae ffotograffiaeth ddu a gwyn yn caniatáu canolbwyntio ar dôn.
▼ Mae'r paentiad sidan hwn yn defnyddio gwahanol arlliwiau a thonau o'r un lliw i ddangos ardaloedd o oleuni a thywyllwch.

▼ Mae'r lluniau hyn i gyd yn dangos dealltwriaeth dda o dôn, sy'n helpu i roi ansawdd tri dimensiwn iddynt.

▲ Mae Argraffiadwyr, fel Monet, yn enwog am eu gwaith, sy'n ceisio dal tôn ac ansawdd golau yn berffaith ar un eiliad benodol.

Gwead

▼ Mae papur ffibrog a sgiliau tonaidd rhagorol yn creu rhith o wead yn y llun hwn o groes Geltaidd.

▲ Mae'r darn tecstilau hwn yn defnyddio gleiniau, rhwydwe a gwahanol ffabrigau i greu llawer o weadau gwrthgyferbyniol.

Mae gwead yn cyfeirio at ansawdd arwyneb gwrthrych. Gellir ei ddefnyddio hefyd i ddisgrifio priodweddau materol rhyw ddarn, fel arwyneb gloyw gwrthrych metel, rhythm trawiadau brws mewn paentiad llac, arwyneb wedi'i wau ar ddarn o decstilau, marciau cŷn ar ddarn o gerflunwaith. Yn yr un modd, gall gyfeirio at y rhith o wead mewn darn e.e. yr argraff o flew mân ar gwningen, garwder rhisgl coeden neu lyfnder croen afal mewn paentiad. Mae angen i chi archwilio'r holl syniadau hyn yn eich gwaith cwrs.

Gallwch ail-greu a mireinio ansawdd arwyneb eich gwrthrych yn dibynnu ar y defnyddiau yr ydych yn eu defnyddio a'r ffordd yr ydych yn eu trin.

Gall artist cain ychwanegu defnyddiau amrywiol at gyfrwng sail i greu gwahanol ansoddau arwyneb. Gellir ychwanegu tywod, blawd llif, calc addurnwr ac ati at baent i roi gwead i'r gwaith pan fydd y paent yn sychu.

Gall artistiaid a dylunwyr tecstilau fanteisio ar yr ystod eang o wahanol ffabrigau a defnyddiau e.e. sidan, satin, gwlân, melfed a melfaréd.

Mae cerflunwyr yn defnyddio amrywiaeth o offer i siapio a ffurfio eu gwaith. Bydd y ffordd y maent yn gweithio gyda'r offer hynny'n effeithio ar wead a naws arwyneb y darn terfynol. Gall cynion, sgrafelli, rifflwyr a llathryddion mecanyddol i gyd adael gorffeniad gwahanol

Gall dylunwyr tri dimensiwn sy'n gweithio mewn metel araenu eu darn gorffenedig i'w amddiffyn ac i greu ymddangosiad gwahanol. Gallent alfanu, peintio, araenu â phowdwr neu farneisio eu gwaith.

Edrychwch ar ddarnau sy'n bodoli eisoes i weld pa mor effeithiol y gellir cyflawni'r rhith o wead mewn darnau dau ddimensiwn. Mae ffwr yr ysgyfarnog yn llun enwog Dürer yn dra manwl fel ei bod yn ymddangos fel petai'r artist wedi tynnu llun pob blewyn. Mewn cyferbyniad, roedd trawiadau paent hael, cyflym Rembrandt yn caniatáu iddo bortreadu les a ffabrig yn gyflym a digymell.

Arbrofwch â gwahanol gyfuniadau o ddefnyddiau a thechnegau i archwilio'r gwahanol weadau y gellir eu creu. Mae angen i chi dreulio amser yn gweithio gyda phob cyfuniad i wirioneddol ymchwilio i'w priodweddau ac ennill marciau da.

▶ Mae'r darnau prawf cerameg bach hyn yn archwilio sut y gellir defnyddio patrwm a sglein i gynhyrchu gwahanol weadau.

▼ Mae mwydion papur, rhwydwe a secwinau'n rhoi gwead i'r darn amlgyfrwng hwn.

▶ Mae gan y ddau ddarn cerameg hyn yr un swyddogaeth ond maent ar ffurfiau gwahanol iawn.

Mae siâp a ffurf yn ddau air y gellir eu defnyddio i ddisgrifio ymddangosiad allanol gwrthrych, ar wahân i'w liw, gwead, tôn ac ati. Tueddir i ddefnyddio siâp i gyfeirio at wedd ddau ddimensiwn gwrthrych, fel y'i diffinnir gan ei amlinelliad, a defnyddir ffurf ar gyfer gwedd dri dimensiwn neu gyfluniad.

Gyda'i gilydd, defnyddir siâp a ffurf yn aml i siarad am y ffordd y mae gwahanol elfennau gweledol wedi'u cyfuno mewn darn o gelfyddyd neu ddyluniad. Ar y cwrs hwn, disgwylir i chi astudio ac archwilio llawer o wahanol feysydd o gelf a dylunio. Wedyn mae angen i chi allu dod â'r rhain i gyd at ei gilydd mewn ffordd feddylgar i greu gwaith sy'n ddymunol i'r llygad.

Gelwir y grefft o gyfuno gwahanol elfennau llun, paentiad, ffotograff, cerflunwaith ac ati yn gyfansoddiad. Mewn cyfansoddiad da mae'r gwahanol siapiau a ffurfiau wedi'u trefnu fel bod y gwaith yn dal i gadw diddordeb y sawl sy'n edrych arno ymhell ar ôl yr effaith gychwynnol. Pan edrychwch ar ddelwedd wedi'i chyfansoddi'n dda dylech deimlo bod

▼ Mae ffurf yn un o'r elfennau pwysicaf i'w hystyried wrth gynhyrchu darn tri dimensiwn.

▼ Arbrofwch â gwahanol gyfansoddiadau nes eich bod yn hollol fodlon.

▲ Mae'r printiau hyn yn ddau ddimensiwn ond mae defnydd clyfar o raddfa'n gwneud i'r gwrthrychau mawr yn y blaendir edrych yn nes. Mae melyn yn lliw cynyddol, sy'n pwysleisio'r effaith hon yn y print ar y dde.

32

Siâp a Ffurf

popeth mewn cydbwysedd a chytgord.

Edrychwch ar waith gan wahanol artistiaid a dylunwyr, o'r gorffennol a'r presennol, i weld sut y maent yn cyflawni effaith foddhaol. Roedd yr hen Roegiaid wedi gwirioni cymaint â'r syniad hwn nes iddynt mewn gwirionedd ddatblygu fformiwla, a elwir yr 'Adran Euraid' neu'r 'Cymedr Euraid', y gellid ei defnyddio mewn darnau o gelfyddyd a dylunio i greu cytgord a chymesuredd gweledol perffaith. Gydag ychydig o ymchwil gallwch ddod o hyd i lawer o esiamplau lle mae wedi ei defnyddio, yn enwedig mewn celfyddyd a phensaernïaeth neoglasurol. Fe welwch hefyd fod rhai ymarferwyr yn fwriadol anwybyddu'r syniadau hyn ar gydbwysedd a chytgord er mwyn sicrhau effeithiau dramatig.

Yn eich gwaith eich hun dylech geisio arbrofi â gwahanol safbwyntiau ac archwilio gwahanol siapiau o bapur, cynfas ac ati. Gall torri'n rhydd o fformat y tirlun neu'r portread traddodiadol gynhyrchu canlyniadau diddorol.

I ennill y marciau gorau posibl, mae angen i chi archwilio'r holl wahanol elfennau a thechnegau a all effeithio ar, a chynorthwyo, cyfansoddiad. Gwnewch yn siŵr eich bod yn ymchwilio i bersbectif, maint a graddfa a syniadau o ofod cadarnhaol a negyddol. Rhowch gynnig ar wahanol ffyrdd o greu lle a chyfaint ac ymarferwch wneud i ddelwedd dau ddimensiwn edrych yn dri dimensiwn.

▲ Mae trefniant y ddwy das wair yn y paentiad hwn gan Monet yn creu dyfnder a chydbwysedd. Er ei fod yn fwy cynnil, mae lleoliad y gorwel hefyd yn bwysig.

Yr Ardystiadau

Os ydych chi'n gwneud y cwrs Celf a Dylunio TGAU llawn, mae'n rhaid i chi ddewis o un o wyth opsiwn cwrs. Ceir saith cwrs 'ardystiedig'. Y cyfan y mae hyn yn ei olygu yw eich bod yn dewis arbenigo a gweithio gydag un ddisgyblaeth am y cwrs cyfan: cymhwysol, celfyddyd gain, astudiaethau beirniadol a chyd-destunol, dylunio tecstilau, cyfathrebu graffig, dylunio tri dimensiwn neu ffotograffiaeth cyfrwng lens a golau. Yr wythfed dewis yw'r cwrs anardystiedig celf, crefft a dylunio, sy'n caniatáu i chi gynhyrchu gwaith mewn dau neu fwy o'r disgyblaethau a restrir.

Waeth pa opsiwn a ddewiswch, os cwblhewch y cwrs yn llwyddiannus byddwch yn ennill cymhwyster TGAU mewn Celf a Dylunio.

Mae'n bosibl y byddwch yn darganfod bod eich ysgol yn cyfyngu'r dewisiadau sydd ar gael i chi. Mae hynny fel rheol oherwydd mai dim ond y cyfleusterau, adnoddau a staff dysgu ar gyfer opsiynau penodol ar y lefel briodol sydd ar gael ganddynt.

Does dim unrhyw un cwrs yn well na'r lleill. Yn y pen draw mae'n fater o hoffter personol a'r hyn yr ydych eisiau ei gael allan o'r cwrs.

Bydd cwrs ardystiedig yn caniatáu i chi archwilio un ddisgyblaeth mewn mwy o fanylder. Byddwch yn ennill gwybodaeth dda o'i hanes a'r artistiaid sy'n ei hymarfer a gallwch fynd i'r afael o ddifrif â'r gwahanol ddefnyddiau a phrosesau, gan ddatblygu eich sgiliau a'ch arbenigedd.

Bydd y cwrs anardystiedig, ar y llaw arall, yn caniatáu i chi archwilio a chymharu gwahanol ddisgyblaethau. Gallwch weithio tuag at feistroli ystod o sgiliau a chynyddu eich amlochredd fel artist.

Gall dilyn cwrs ardystiedig edrych fel pe bai'n eich cyfyngu mewn cymhariaeth â'r opsiwn anardystiedig. Er hynny, mae pob disgyblaeth yn cwmpasu nifer o wahanol feysydd astudio ac yn cynnwys ystod enfawr o ddefnyddiau a phrosesau.

Mae'r adran sy'n dilyn yn edrych ar bob opsiwn cwrs yn ei dro, ac eithrio'r opsiynau Cymhwysol ac Astudiaethau Beirniadol a Chyd-destunol, ac yn ei archwilio'n fanwl. Mae'n archwilio'r sgiliau a'r elfennau sy'n unigryw i'r cwrs hwnnw ac yn edrych ar y gwahanol feysydd gwaith y mae'n eu cynnwys. Dylai hynny eich helpu i ddeall gofynion y cyrsiau hyn a'r posibiliadau creadigol y maent yn eu cynnig.

Cofiwch nodi bod yn rhaid i'r holl fyfyrwyr sy'n dilyn y cwrs TGAU byr mewn Celf a Dylunio ddilyn y cwrs anardystiedig.

Celfyddyd Gain

Cyflwyniad i Gelfyddyd Gain

Celfyddyd Gain yw cyfathrebu eich syniadau, eich teimladau a'ch arsylwadau drwy gyfrwng gweledol. Dylai eich darn terfynol fod yn adlewyrchiad pur o'ch profiadau personol. Mae hyn yn wahanol i Gelfyddyd Gymhwysol neu Gelfyddyd Addurnol, sydd â phwrpas ymarferol yn aml, gan ddechrau â briff a diweddu â chynhyrchu gwrthrych sydd â swyddogaeth benodol.

Prif ffocws Celfyddyd Gain yw eich meddyliau a'ch emosiynau chi. Er hynny, mae disgwyl i chi hefyd ymgymryd ag ymchwil perthnasol a dangos amrywiaeth eang o sgiliau ymarferol.

Gobeithio y byddwch, yn ystod eich ymchwil, yn dod ar draws gwaith gan artistiaid eraill sydd o ddiddordeb i chi ac sy'n eich ysbrydoli. Gallai eich helpu i edrych ar y byd o'ch cwmpas mewn ffordd wahanol a'ch annog i arbrofi â gwahanol dechnegau yn eich gwaith eich hun.

Wrth i chi weithio, cadwch yr arholwr mewn cof. Mae'n bwysig dangos iddo sut yr ydych wedi datblygu eich syniadau. Bydd hefyd yn edrych i weld faint yr ydych yn ei wybod am eich maes astudio dewisol a pha sgiliau ymarferol sydd gennych.

Os ydych yn astudio Celfyddyd Gain, mae angen i chi ddarllen yn ofalus y wybodaeth yn yr adran hon AC yn yr adran 'Sgiliau a Dysgu Hanfodol' ar ddechrau'r llyfr (tud. 12-32) i sicrhau eich bod yn cwmpasu holl ofynion y cwrs TGAU Celf a Dylunio.

Mae'n rhaid i chi gynhyrchu gwaith mewn un neu fwy o'r meysydd astudio canlynol: Tynnu Lluniau a/neu Beintio, Cerflunwaith, Celfyddyd Tir neu Osodiad, Creu Printiau, Ffilm neu Fideo, Amlgyfrwng. Cewch fwy o wybodaeth am y meysydd pwnc unigol ar dudalennau 41-45.

Cofnodi Delweddau

Er bod rhaid i chi gynnwys rhai nodiadau ysgrifenedig ac anodiadau, dylech gofio mai dim ond amser cyfyngedig sydd gan yr arholwr i asesu eich gwaith cwrs, felly dylech osgoi darnau hir o destun. Y ffordd fwyaf effeithiol o gofnodi a chyfathrebu eich arsylwadau, eich syniadau a'ch teimladau yw trwy ddelweddau.

Gall delweddau fod yn arsylwadol, dadansoddol, mynegiannol neu ddychmygol.

Mae gwaith arsylwadol yn fan cychwyn rhagorol i unrhyw broject a dylai fod yn rhan hanfodol o'ch gwaith. Gall tynnu ffotograff fod yn ffordd gyfleus o gofnodi'r hyn a welwch, ond ni fydd nifer fawr o ffotograffau yn ennill llawer o farciau i chi ar eu pen eu hunain.

Mae ffotograffau'n dangos yr hyn yr ydych yn ei weld, ond nid sut yr ydych yn ei weld. Mae lluniau arsylwadol yn fwy personol ac felly yn werth llawer mwy. Gallwch eu defnyddio i ddangos i'r gynulleidfa y pethau sydd o ddiddordeb ac sy'n eich denu chi e.e. siâp, gwead neu dôn.

Gall gwaith dadansoddol eich helpu i ddatblygu dealltwriaeth o waith artist arall. Drwy atgynhyrchu un o'i weithiau (gwnewch yn siŵr eich bod yn rhoi credyd amlwg iddo, gweler tud. 92) neu efelychu ei arddull, gallwch archwilio'r technegau y mae'n eu defnyddio ac ennill gwell dealltwriaeth o'i waith.

Yn hytrach na chynhyrchu delwedd sy'n ddarluniad uniongyrchol o rywbeth yr ydych wedi'i weld, mae'n bosibl creu delwedd yn llwyr (neu'n rhannol) o'ch dychymyg. Gallai gynnwys elfennau 'real' neu ffantasïol neu gyfuniad o'r ddau – does dim ffiniau mewn gwirionedd. Mae dychymyg a chreadigrwydd yn rhan bwysig o'r ardystiad hwn.

Nid oes angen i'ch delweddau fod yn gynrychioliadol nac yn ffigurol h.y. nid oes rhaid iddynt bortreadu unrhyw beth y gellir ei adnabod. Mae'r un mor ddilys, ac yn aml yn fwy effeithiol, cynhyrchu delwedd haniaethol i fynegi teimlad, emosiwn neu naws.

Dylech anelu at gynnwys esiamplau o bob un o'r gwahanol ddulliau hyn yn eich gwaith cwrs. Bydd hynny'n dangos eich amlochredd fel artist ac yn dangos i'r arholwr eich bod wedi archwilio gwahanol ffyrdd wrth ddatblygu eich darn terfynol.

▲ Gall ffotograffiaeth fod yn ffordd gyflym a chyfleus o gofnodi'r hyn a welwch.

▼ Mae lluniau arsylwadol yn caniatáu i chi gofnodi manylion penodol sydd o ddiddordeb i chi.

37

▲ Arbrofwch â gwahanol gyfansoddiadau cyn gorffen dyluniad.
▲ Mae'r taniwr bic anarferol o fawr hwn yn dangos sut mae chwarae â graddfa'n gallu bod yn hwyl.

Cyfansoddiad

Pan fydd artist yn cynhyrchu darn o waith, mae'n cyfuno'r holl wahanol elfennau mewn ffordd y mae'n ei hystyried yn addas. Gelwir hyn yn gyfansoddiad. Mae'n broses bersonol iawn ac felly gall fod yn anodd ei deall.

Y ffordd orau o archwilio cyfansoddiad yw trwy edrych ar waith artistiaid eraill.

Gofod Darluniadol

Mae artist wedi creu gofod darluniadol yn llwyddiannus os yw'n ymddangos bod 'dyfnder' mewn delwedd, er ei bod wedi'i chreu ar arwyneb gwastad. Mae'n werth astudio persbectif un, dau neu dri phwynt i'ch helpu i wneud hyn. Mae'r rhain i gyd yn ddulliau a ddefnyddir i greu ymddangosiad tri dimensiwn.

Ffordd dda o archwilio gofod darluniadol yw cymryd cyfansoddiad e.e. trefniant bywyd llonydd o ffrwythau, a cheisio tynnu llun ohono o wahanol onglau a safbwyntiau. Sylwch sut y gall hyn gynhyrchu effeithiau sy'n ddramatig o wahanol.

Edrychwch yn fanwl ar y technegau a ddefnyddir gan artistiaid eraill i greu gofod darluniadol e.e. defnyddio persbectif, safbwynt, cysgod a golau.

Rhythm

Er bod rhythm yn nodwedd a gysylltir fel arfer â cherddoriaeth, gellir creu synnwyr o rythm mewn darn o gelfyddyd drwy drefnu ei elfennau. Yn dibynnu ar sut mae artist yn gosod masau solet ochr yn ochr â gofodau, yn amrywio golau a chysgod neu'n defnyddio gwahanol liwiau yn ei waith, gall gynhyrchu rhythm cydnaws sy'n llifo neu un sy'n doredig a swta.

Graddfa

Mae graddfa'n cyfeirio at faint a chymesuredd perthynol un peth o'i gymharu â'r llall.

Gall maint a siâp eich gwaith ddylanwadu ar sut mae pobl eraill yn ei weld. Arbrofwch â chreu gwaith ar raddfa fach iawn e.e. maquette neu ddarn maint stamp post. Wedyn rhowch gynnig ar rywbeth ar raddfa llawer mwy e.e. delwedd fawr o wrthrych bach. Gallech hyd yn oed roi cynnig ar wahanol raddfeydd o fewn yr un darn e.e. llygoden fawr ochr yn ochr ag eliffant bach.

Yn y maes astudio hwn, mae gwybodaeth a dealltwriaeth dda o agweddau technegol celfyddyd yn hanfodol.

Bydd yr arholwr yn edrych yn fanwl ar …
- … Eich dewis o ddefnyddiau
- … Techneg
- … Cyfansoddiad (yn cynnwys defnydd o ofod darluniol, persbectif, graddfa a rhythm)
- … Defnydd o liw, llinell, tôn, gwead a siâp

Nid yw hyn y golygu y dylech fod yn llai dychmygus o gwbl yn eich gwaith. Mae amrywiaeth eang o wahanol arwynebau ar gael i chi. Yn ychwanegol at yr holl wahanol fathau o bapur (gweler tud. 38), dylech hefyd ystyried cynfas ac arwynebau llai confensiynol ar gyfer eich paentiadau a lluniau e.e. ffabrig, pren a charreg.

Chwiliwch o gwmpas eich adran gelf ac arbrofwch â chynifer o wahanol ddefnyddiau â phosibl. Nid yw peintio a thynnu lluniau yn eich cyfyngu i weithio â dim ond paent a phensiliau. Mae'r posibiliadau eraill yn cynnwys siarcol, sialc, pasteli a ffyn graffit.

Peintio a Thynnu Lluniau

▲ Llun o ddawnsiwr yn dangos defnydd da o dôn.

Bydd gwahanol ddefnyddiau'n cynhyrchu gwahanol ganlyniadau. Byddant yn effeithio ar y marciau y gallwch eu gwneud ar y papur/cynfas ac felly, ar y ffordd y gallwch eich mynegi eich hun. Mae angen i chi benderfynu pa ddefnyddiau a thechnegau sy'n cyfleu eich meddyliau a'ch syniadau yn fwyaf effeithiol.

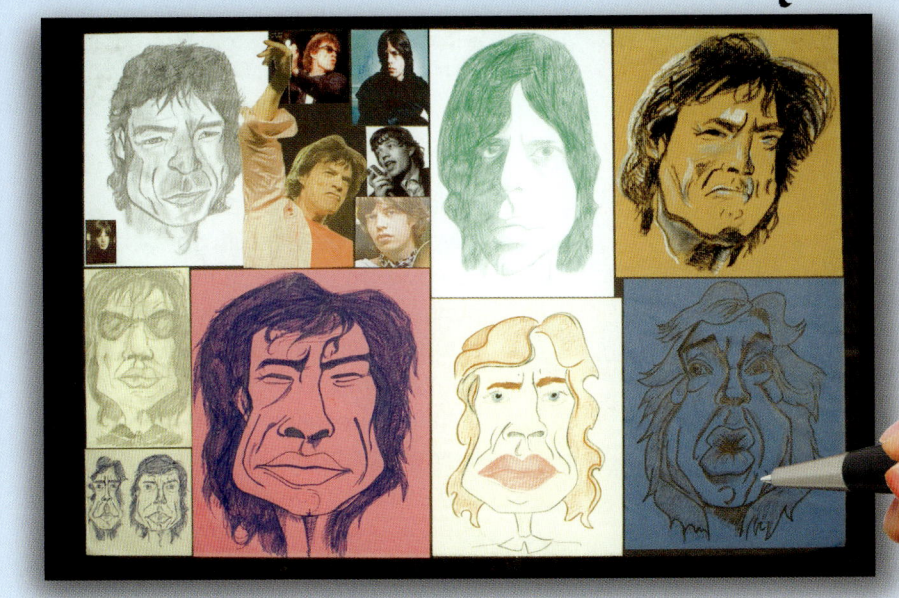

▲ Astudiaethau dychanol o Mick Jagger a gynhyrchwyd gan ddefnyddio ystod o ddefnyddiau.

41

Os dewiswch y maes astudio hwn, dylech anelu at ddatblygu dealltwriaeth sylfaenol dda o dechnegau printio bloc, plât a sgrin. Er hynny, oherwydd bod creu printiau yn aml yn golygu defnyddio offer arbenigol, mae'n bosibl y bydd eich dewisiadau wedi'u cyfyngu gan y cyfleusterau sydd ar gael yn eich ysgol neu goleg.

Mae angen i chi ddysgu am ochr dechnegol creu printiau a darganfod ffyrdd ymarferol o drosglwyddo eich syniadau i brint.

Ymchwiliwch i'r gwahanol orffeniadau y gellir eu creu o wahanol ddulliau printio ac edrychwch ar y prosesau y gellir eu defnyddio i drosglwyddo delweddau i wahanol arwynebau megis papur, cerameg, ffabrig ac ati.

Yn y pen draw, bydd angen i chi ddewis un o'r technegau printio a ganlyn i'w hastudio'n fanwl gyda'r bwriad o'i defnyddio i gynhyrchu eich darn terfynol:

- Printio sgrin
- Printio mono
- Torlun leino
- Ysgythriad
- Lithograffeg
- Pwynt sych

Creu Printiau

▲ Mae printio sgrin yn ddull poblogaidd *(top)*.
▲ Mae'r bwrdd hwn yn arddangos printio mono'n cael ei ddefnyddio i ddatblygu syniadau *(gwaelod y bwrdd ar y chwith)*.

Bydd yr arholwr yn edrych i weld a ydych wedi dewis techneg sy'n addas i'ch gwaith. I'ch helpu i wneud y penderfyniad hwn, mae angen i chi astudio gwaith gwneuthurwyr printiau eraill. Edrychwch ar y technegau y maent yn eu defnyddio a gwerthuswch y canlyniadau – a ydych chi'n credu bod eu dulliau'n effeithiol? Ceisiwch fod yn glir am eich rhesymau dros wrthod rhai dulliau a ffafrio eraill.

◀ Gellir cael canlyniadau effeithiol drwy gyfuno technegau printio.

Cerflunwaith, Gosodiadau ac ati.

Mewn Cerflunwaith, Celfyddyd Tir a/neu Osodiad, bydd angen i chi gynhyrchu ffurfiau tri dimensiwn, naill ai maint llawn neu ar ffurf maquette (h.y. fel model).

Fel man cychwyn i'ch gwaith, dylech ymchwilio i elfennau ffurfiol cerflunwaith: cyfaint, gofod, defnyddiau a symudiad. Edrychwch yn ofalus ar waith artistiaid eraill i weld sut y maent yn mynd i'r afael â'r elfennau hyn yn y gweithiau y maent yn eu cynhyrchu. Bydd yn eich helpu i wneud penderfyniadau am eich gwaith eich hun.

Yn ychwanegol at archwilio ystod eang o ddefnyddiau (tud. 16-17), bydd angen i chi ddynodi, ymarfer a datblygu sgiliau mewn dulliau adeiladu addas. Gallai'r rhain gynnwys sodro, presyddu, weldio, gludio, uniadu, rhybedu, bolltio neu drin defnyddiau mwy plastig fel persbecs, clai, cwyr a chyfansoddion modelu synthetig.

Mae'n bosibl y byddech hefyd eisiau edrych ar dechnegau mwy cymhleth megis castio neu wneud mowldiau.

Rhowch sylw i fanylion! Mae ansawdd arwyneb gwaith cerflunio yr un mor bwysig â'r ffurf – gall gorffeniad anarferol sydd wedi'i ddewis yn dda gynhyrchu canlyniadau trawiadol. Arbrofwch â thechnegau fel llathru, sgwrio, cerfio neu dorri. Yn y maes astudio hwn yn arbennig, mae'n syniad da cadw dyddlyfr ffotograffig. Defnyddiwch gamera i nodi eich cynnydd gam wrth gam. Gallai'r cofnod hwn fod yn amhrisiadwy, yn enwedig os ydych yn gweithio â defnyddiau bregus neu frau neu fod eich gwaith o natur fyrhoedlog (h.y. dros dro neu ddibarhad fel cerflunwaith rhew er enghraifft).

▲ Delweddau ffotograffig ac astudiaethau ciwbaidd yn cael eu troi'n ddarn diddorol o gerflunwaith tri dimensiwn.

Er bod Ffilm a Fideo yn dod dan Gelfyddyd Gain, gellir ei astudio hefyd fel rhan o Ffotograffiaeth Cyfrwng Lens a Golau neu Gyfathrebu Graffig yn dibynnu ar natur eich gwaith.

Caiff technoleg ddigidol ei defnyddio fwy a mwy wrth wneud ffilmiau felly ceisiwch ddatblygu dealltwriaeth glir o'r hyn y gellir ei gyflawni drwy brosesau digidol a sut y maent yn gweithio. Mae'n rhaid i chi allu pwyso a mesur manteision ac anfanteision technoleg ddigidol yn erbyn technolegau mwy traddodiadol pan ddaw hi'n fater o ddewis dulliau cynhyrchu ar gyfer eich darn terfynol.

Bydd angen i chi gynhyrchu byrddau stori a sgriptiau ar gyfer eich ffilmiau neu fideos. Cyn i chi ddechrau, mae'n werth gwneud peth ymchwil i'r maes hwn. Edrychwch ar y fformatiau a'r confensiynau a ddefnyddir o fewn y diwydiant ffilm.

Yn amlwg, mae'n hanfodol eich bod yn gwybod sut i ddefnyddio camera yn fedrus. Mae hynny'n cynnwys gwybodaeth weithiol o safbwyntiau, onglau camera, cyfansoddiadau ac ati. Mae angen i chi hefyd ddeall gwahanol ofynion ffilmio dan do ac yn yr awyr agored, yn enwedig mewn perthynas â goleuni a sain.

Mae sgiliau golygu da yr un mor bwysig. Mae'n rhaid i chi ddysgu sut i dorri ffilm gan ddefnyddio technegau fel tocio, gan gymryd pethau fel cyflymder i ystyriaeth. Mae'r ffordd y mae gwneuthurwr ffilm yn cymysgu sain a chynnyrch gweledol yn dechneg gymhleth y bydd angen i chi ei meistroli.

Ffilm a Fideo

▼ Defnyddir bwrdd stori i gynllunio golygfeydd a lluniau (delwedd drwy garedigrwydd First Light).

Amlgyfrwng

▲ Darn gweadeddol sy'n cyfuno paent, mwydion papur a rhwydwe.
▼ Defnyddir weiren bigog a rhwyll wifrog yn y darn gwleidyddol hwn.

Amlgyfrwng yw'r term a ddefnyddir pan fydd artist yn cyfuno gwahanol ddefnyddiau mewn un darn o waith. Daeth yr arddull hon yn boblogaidd yn yr ugeinfed ganrif pan ddechreuodd artistiaid herio confensiynau celfyddyd a dymchwel y rhwystrau rhwng y gwahanol ddisgyblaethau.

I weithio'n llwyddiannus mewn amlgyfrwng, bydd angen i chi archwilio o leiaf ddau faes astudio arall mewn Celfyddyd Gain:

- Peintio/Tynnu lluniau
- Cerflunwaith, Celfyddyd Tir neu Osodiad
- Creu printiau
- Ffilm a Fideo

Mae'n bwysig eich bod yn gyfarwydd â sgiliau a thechnegau'r meysydd hyn, os ydych yn mynd i'w cyfuno'n effeithiol.

Nid yw'r rhestr uchod yn derfynol o gwbl. Gallwch ymchwilio i feysydd eraill o gelf a dylunio yr ydych chi'n teimlo sy'n berthnasol i'ch gwaith.

Oherwydd eu bod yn arbrofol, mae celf amlgyfrwng yn cynnig posibiliadau creadigol di-ben-draw i chi.

Manteisiwch ar hyn a byddwch mor ddychmygus â phosibl yn eich gwaith.

Os nad ydych chi'n gwybod ble i ddechrau, ceisiwch ddefnyddio peintio neu dynnu lluniau fel man cychwyn. Arbrofwch drwy ychwanegu agweddau o ffotograffiaeth, creu printiau, collage, adeiladwaith cerfwedd isel ac ati. Wrth i chi weld yr effeithiau cyffrous y gall gwahanol gyfuniadau o ddefnyddiau eu cynhyrchu, bydd syniadau a phosibiliadau newydd yn agor o'ch blaen.

45

Cyfathrebu Graffig

Cyflwyniad i Gyfathrebu Graffig

Mae Cyfathrebu Graffig yn ymwneud â chyfleu neges drwy gyfrwng gweledol, gan ddefnyddio testun a delweddau. Mae gan gynhyrchion cyfathrebu graffig yn aml bwrpas ymarferol gan gynnwys hysbysebu, dylunio cynhyrchion a darlunio.

Mae gwaith o fewn yr ardystiad hwn yn aml yn dechrau â briff dylunio, a fydd yn gosod problem benodol i chi ei datrys. Er bod briffiau dylunio'n gosod cyfyngiadau ar eich gwaith, mae dal i fod digon o le i archwilio gwahanol atebion dylunio a chynhyrchu ateb gwreiddiol.

Yn y diwydiant dylunio, mae briffiau'n aml yn nodi cynulleidfa darged, cyllideb, dyddiadau cwblhau ac ati ac mae'r delweddau neu'r cynhyrchion sy'n deillio ohonynt bron yn ddieithriad wedi eu bwriadu i'w hatgynhyrchu ar raddfa fawr.

Mae angen i chi archwilio'r rhain a ffactorau eraill sy'n effeithio ar waith dylunydd (e.e. canllawiau diogelwch a materion cyfreithiol) a defnyddio ystyriaethau tebyg yn eich gwaith eich hun.

Oherwydd natur fasnachol Cyfathrebu Graffig, gall fod yn fanteisiol iawn cael rhywfaint o brofiad gwaith neu hyfforddiant mewn stiwdio ddylunio. Gall hyn roi golwg amhrisiadwy i chi ar y diwydiant, a fydd o fudd i'ch gwaith.

Yn eich portffolio bydd yr arholwr yn chwilio am ddealltwriaeth dda o'r broses ddylunio, agwedd drefnus ac ymwybyddiaeth greadigol, yn ogystal â gallu i ddal llygad eich cynulleidfa.

Mae angen i chi adnabod tueddiadau cyfryngol a datblygiadau technolegol cyfredol a gallu eu dethol a'u haddasu at eich pwrpas eich hun.

Os ydych yn astudio Cyfathrebu Graffig, mae angen i chi ddarllen y wybodaeth yn yr adran hon AC yn yr adran 'Sgiliau a Dysgu Hanfodol' ar ddechrau'r llyfr (tud. 12-32) i sicrhau eich bod yn cwmpasu holl ofynion y cwrs TGAU Celf a Dylunio.

Yn dibynnu ar eich bwrdd arholi, bydd gofyn i chi gynhyrchu gwaith mewn un neu ragor o'r meysydd astudio a ganlyn (gwiriwch gyda'ch athro pa opsiynau sydd ar gael i chi): Hysbysebu a/neu Ddefnyddiau Pacio, Darlunio, Teipograffeg, Creu Printiau, Cynllunio drwy gymorth Cyfrifiadur a Delweddu Digidol, Ffilm, Fideo a/neu Animeiddio.

Ystyr, Swyddogaeth ac ati

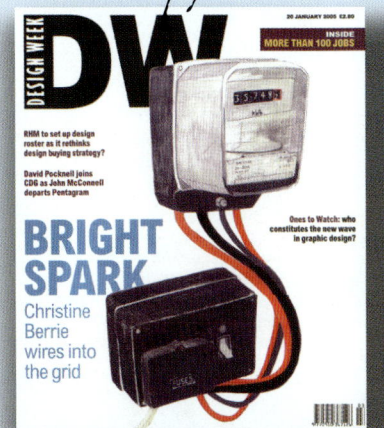

▲ Gall cylchgronau dylunio arbenigol fod yn ffynhonnell wybodaeth ddefnyddiol.

▲ Mae logo British Airways yn hawdd ei adnabod ar unwaith. Mae'n ymddangos ar bopeth o ddeunydd marchnata i wisgoedd y staff a'r awyrennau.

▲ Gall nwyddau papur chwarae rhan bwysig mewn llunio delwedd gyhoeddus cwmni. Mae'r esiampl hon yn ymarferol a steilus.

Fel dylunydd graffig, cyn i chi ddechrau gweithio mae'n hanfodol eich bod yn deall yr amcan yn drylwyr. Mae gofyn i chi gael golwg gyffredinol o'r holl broject – byddwch yn glir am y neges yr ydych eisiau ei chyfleu, swyddogaeth neu bwrpas y cynnyrch gorffenedig a phwy yw eich cynulleidfa darged. Os collwch chi olwg o hynny, bydd yr holl broject yn fethiant.

Bydd eich athro yn rhoi briff i chi weithio iddo. Yn y cam cychwynnol hwn o'r broses ddylunio, mae casglu gwybodaeth yn hanfodol bwysig. Bydd gofyn cwestiynau i'r cleient (real neu ddamcaniaethol) yn eich helpu yn y tymor hir. Os ydych chi'n deall y gofynion yn glir ar y dechrau, mae'n arbed amser yn diwygio ymhellach ymlaen.

Mae angen i chi ddeall sut mae dylunwyr eraill wedi mynd i'r afael â phroblemau tebyg. Mae llyfrau, cylchgronau, amgueddfeydd, orielau, y We ac ati i gyd yn ffynonellau gwybodaeth defnyddiol. Gallai lleoliad gwaith mewn stiwdio ddylunio fod yn fantais enfawr, gan y byddwch yn gallu gweld sut mae dylunwyr masnachol yn edrych ar brojectau newydd.

Edrychwch ar esiamplau hanesyddol perthnasol i hybu eich gwybodaeth ac archwilio ymhellach. Gall gwahanol ddiwylliannau e.e. Siapan ac America, fod ag agweddau, arddulliau a thueddiadau gwahanol iawn.

Mae angen i chi hefyd edrych ar baramedrau cynhyrchu'r project. Mae maint, siâp, pwysau, dulliau cynhyrchu a chostau cynhyrchu'r cynnyrch terfynol i gyd yn ystyriaethau pwysig.

Bydd eich briff yn penderfynu maint a graddfa eich gwaith i ryw raddau e.e. gellid gofyn i chi gynhyrchu logos corfforaethol ar gyfer unrhyw beth o becynnau bach o fwyd i awyrennau masnachol.

Mae ergonomeg a swyddogaeth yn ystyriaethau pwysig. Mae cynnyrch llwyddiannus yn hawdd ei ddefnyddio ac mae'n gwneud y gwaith y bwriadwyd iddo'i wneud yn effeithiol.

Efallai mai un o agweddau anoddaf cyfathrebu graffig yw cydbwyso ystyriaethau masnachol, gweledigaeth y cleient ac anghenion y gynulleidfa â'ch syniadau creadigol chi.

▲ Arbrofi â defnydd haniaethol o lythrennau.

Dulliau ac Ymdriniaethau

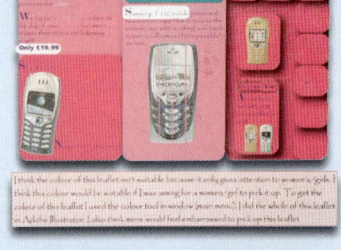

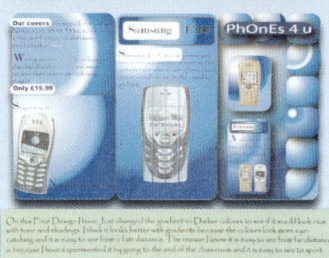

I gynhyrchu'r atebion gorau posibl mae'n bwysig cael gwybodaeth dda o'r dulliau a'r technegau sydd ar gael i chi a deall gofynion y gynulleidfa darged yn llawn.

Dylech eisoes fod yn gyfarwydd ag ystod o dechnegau addas, er hynny drwy gydol y cwrs hwn mae angen i chi adeiladu arnynt a datblygu eich gwybodaeth ymhellach. Dylech anelu at archwilio cymaint o ddefnyddiau a phrosesau â phosibl. Ar ddiwedd y cwrs, dylai eich portffolio ddangos eich bod yn gallu defnyddio ystod o dechnegau a chyfryngau yn ddiogel ac yn fedrus.

Mae hyn nid yn unig yn caniatáu i chi arddangos pa mor amryddawn yr ydych, mae hefyd yn golygu y gallwch ddewis y defnyddiau a'r technegau mwyaf addas ar gyfer eich cynnyrch a'i gynulleidfa darged pan fyddwch yn dechrau cwblhau eich dyluniadau ar gyfer project penodol.

Bydd y gynulleidfa darged yn cael effaith sylweddol ar eich dyluniadau. Mae angen i chi wybod yn iawn beth yw eu hoedran, eu hincwm, eu cefndir cymdeithasol, eu hoffterau ac ati i gynhyrchu cynnyrch llwyddiannus sy'n bodloni eu hanghenion penodol. Gelwir y math hwn o wybodaeth yn ddata demograffig.

Mae profi a methu yn rhan bwysig o'r broses ddylunio. Peidiwch â bod ofn rhoi cynnig ar wahanol dechnegau a chael gwared â rhai nad ydynt yn cynhyrchu canlyniadau boddhaol. Cadwch gofnod o'r arbrofion hyn (naill ai ar ffurf nodiadau neu esiamplau gweledol), gan y byddant yn profi i'r arholwr eich bod yn meddwl yn ofalus am eich cynnyrch terfynol.

Gallwch hefyd ddysgu o lwyddiannau a chamgymeriadau dylunwyr eraill. Edrychwch ar esiamplau o ddylunio sy'n bodoli eisoes, o'r gorffennol a'r presennol, sy'n berthnasol i'ch gwaith chi. Ystyriwch pa mor addas yw'r cynnyrch i'w bwrpas. Pa agweddau o'r dyluniad sy'n gweithio'n dda? Pa agweddau y gellid eu gwella?

Lluniadau da, manwl a ddylai fod yn sail i'ch gwaith yn yr ardystiad hwn. Er hynny, gyda'r datblygiadau mewn technoleg a chynllunio drwy gymorth cyfrifiadur, mae angen i chi ddatblygu sgiliau cadarn yn y maes hwn a gwybodaeth weithiol dda o sut y gellir eu defnyddio a hefyd o'u cyfyngiadau.

Holl sail cyfathrebu graffig yw cyfleu syniad neu gysyniad i drydydd parti. Gan gofio hyn bydd angen i chi hefyd roi tystiolaeth o ddefnydd addas o lythrennu, arwyddion a symbolau yn ogystal â delweddau.

▲ Arbrofi â gwahanol liwiau i gael hyd i'r un â'r effaith fwyaf trawiadol.

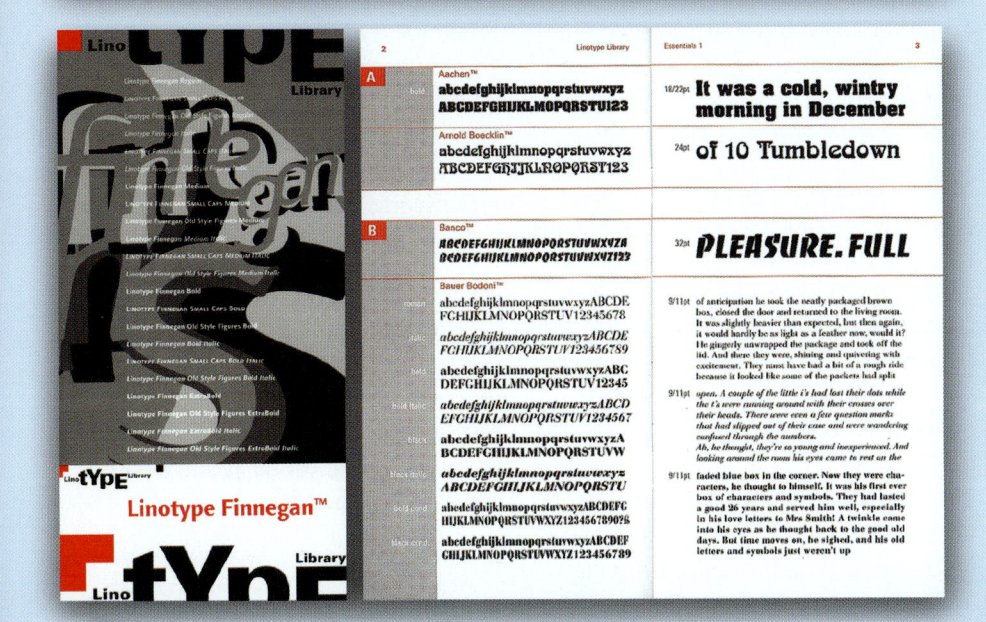

Teipograffeg yw'r broses grefftus o gynhyrchu llythrennau a thestun. Ar y cwrs hwn mae angen i chi ddatblygu gwybodaeth o'r ystod enfawr sy'n cynyddu drwy'r amser o ffurfiau llythrennau sydd ar gael. Mae angen i chi hefyd ddeall eu haddasrwydd i wahanol bwrpasau dylunio e.e. dylunio cylchgrawn, papur newydd, poster neu wefan, fel y gallwch wneud defnydd priodol ohonynt yn eich gwaith.

Fel dylunydd graffig, dylai fod gennych ddiddordeb mewn effeithiau, ystyr ac effaith gwahanol ffurfiau ac ardulliau llythrennu.

Mae'n hanfodol eich bod yn gwneud rhywfaint o ymchwil i hanes y gair printiedig a tharddiad gwahanol ffurfdeipiau er mwyn deall cymhlethdod y pwnc hwn yn llawn. Bydd gwybodaeth gefndirol fel hyn yn eich helpu i ddeall y cysyniadau a'r fethodoleg y tu cefn i deipograffeg cyfathrebu graffig.

Bydd angen gwybodaeth sylfaenol dda arnoch o sut y caiff nod (h.y. llythyren) ei ffurfio a'i hanatomi (h.y. enwau'r rhannau sy'n ei ffurfio). Er enghraifft, seriffau yw'r llinellau bach, manwl a ddefnyddir i orffen diwedd coesau, breichiau a llinellau tro mewn nod. Mae seriffau'n disgyn i bedwar categori: Slab, Slab cromfachog, Cromfachog Llawn a Main. Gelwir nodau heb y manylion hyn yn Sans Seriff ('Sans' yw'r Ffrangeg am 'heb').

Derbynnir yn gyffredinol bod nodau seriff yn haws eu darllen ac maent felly'n addas iawn i flociau mawr o destun (h.y. corff y testun). Mae nodau sans seriff yn fwy anodd eu darllen, ond mae eu llinellau glân yn cael mwy o effaith. Felly, fe'u defnyddir yn aml ar gyfer penawdau.

▼ Dangos y gwahaniaeth rhwng ffontiau sans seriff a seriff.
▼ Enghreifftiau o wahanol ffurfdeipiau a setiau nodau.

Pan ddaw hi'n fater o'u defnyddio, mae gafael llwyddiannus ar osodiad (h.y. y ffordd y caiff nodau a thestun eu gosod neu eu lleoli ar y dudalen) yn hanfodol. Mae hynny'n cynnwys elfennau fel bylchau rhwng llythrennau, geiriau a llinellau, cyfeiriad, aliniad a mewnoliad, sydd i gyd yn cyfrannu at yr effaith a'r argraff a gaiff darn o destun ar ei gynulleidfa.

Mae angen ystyried amrywiadau teip fel maint ffont, testun mewn teip trwm, testun italig a defnyddio priflythrennau a llythrennau bach hefyd, yn ogystal â defnyddio lliw. Mae'n rhaid i chi ddysgu sut i gymysgu a chyfuno'r ffurfiau hyn a gwahanol ffurfdeipiau yn effeithiol. Byddwch yn ofalus i beidio â defnyddio gormod o amrywiadau mewn un darn – gall hyn ei wneud yn llai darllenadwy a thynnu oddi wrth y neges yr ydych yn ceisio'i chyfleu. Edrychwch ar ddarnau o deipograffeg sy'n bodoli eisoes ac arbrofwch â gwahanol gyfuniadau nes i chi gael teimlad o'r hyn sy'n gweithio a'r hyn nad yw'n gweithio.

Fel y gwelwch, mae teipograffeg yn defnyddio llawer o eirfa arbenigol. Gwnewch yn siŵr eich bod yn deall y gwahanol dermau sy'n berthnasol i'ch gwaith chi a'ch bod yn gyffyrddus yn eu defnyddio.

49

Gellir defnyddio ystod o gymwysiadau Technoleg Gwybodaeth a Chyfathrebu (TGCh) ym maes Celf a Dylunio. Yn benodol, mae datblygiadau yn ystod y blynyddoedd diwethaf wedi chwyldroi'r diwydiant dylunio graffig. Mae'r holl wahanol systemau a pherifferolion sydd ar gael yn cynnig posibiliadau enfawr a gall gwaith yn y maes astudio hwn fod yr un mor greadigol a dychmygus ag unrhyw un o'r lleill.

O'i defnyddio'n effeithiol, gall technoleg gyfrifiadurol arbed amser ac arian. Gellir awtomeiddio tasgau ailadroddus e.e. gellir awtomeiddio gosod yr un fformat ar lawer o dudalennau, a gallwch adolygu, golygu a mireinio'ch gwaith yn barhaus heb orfod dechrau o'r newydd

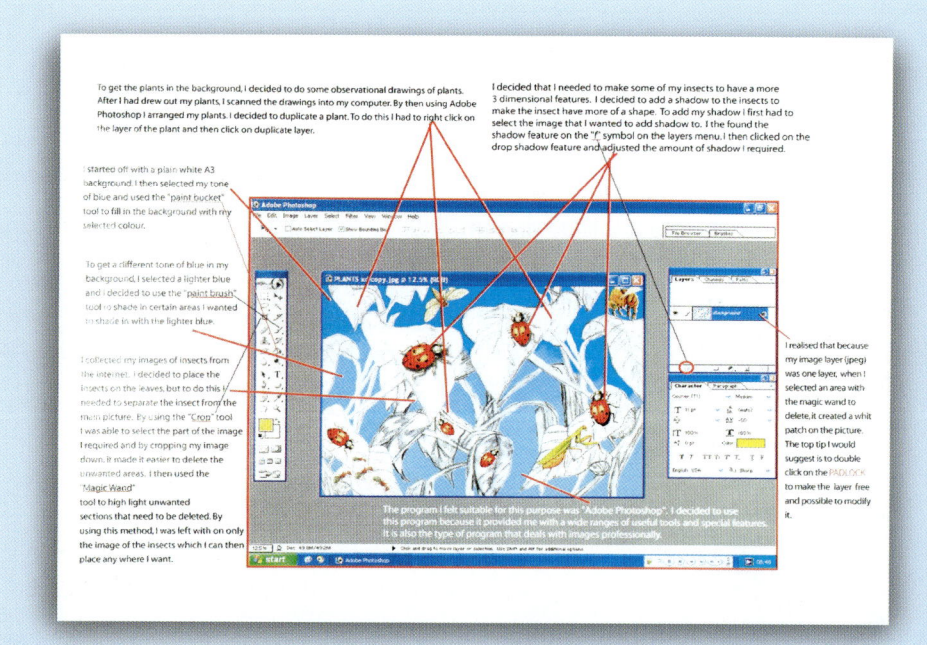

Cynllunio drwy gymorth Cyfrifiadur

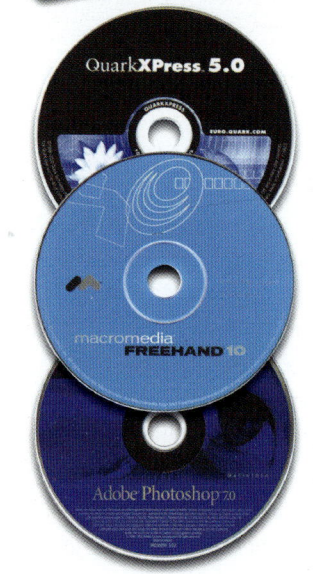

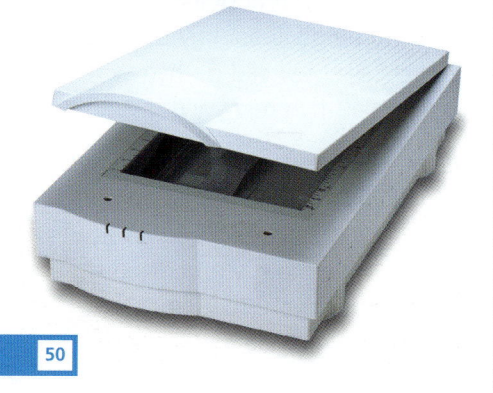

bob tro. Mae cymwysiadau unigryw yn bodoli hefyd. Er enghraifft, gyda meddalwedd arbenigol gallwch gynhyrchu delweddau rhithwir a dilyniannau wedi'u hanimeiddio.

Mae gan y rhan fwyaf o ysgolion a chanolfannau sy'n cynnig yr opsiwn astudio hwn amrywiaeth o becynnau dylunio wedi eu gosod ar eu cyfrifiaduron. Gallent gynnwys meddalwedd cyhoeddi bwrdd gwaith, argraffu, lluniadu, ffotograffiaeth a Chynllunio drwy gymorth Cyfrifiadur (C.A.D.). Gall y rhain i gyd gyflawni ystod o wahanol swyddogaethau. Er hynny, mae'n bwysig cofio mai dim ond offer ydynt a'u bod yn gofyn am gyfarwyddiadau a mewnbwn creadigol gennych chi i gynhyrchu canlyniadau da.

Mae meddalwedd cyhoeddi bwrdd gwaith (e.e. QuarkXpress a PageMaker) yn caniatáu mewnforio delweddau a graffeg o ddyfeisiau fel sganwyr a chamerâu digidol i'w gosod ar dudalen ochr yn ochr â thestun. Gallwch wedyn symud yr holl wahanol wrthrychau o gwmpas i arbrofi â gwahanol ddyluniadau a chreu amrywiaeth o effeithiau drwy ddefnyddio'r gwahanol farrau offer. Defnyddir y math hwn o feddalwedd yn y diwydiant cyfryngau ac mae'n addas ar gyfer dylunio cylchgronau, taflenni, llyfrau a phosteri.

Mae meddalwedd C.A.D. yn caniatáu i chi fewnbynnu cyfesurynnau a dimensiynau a thynnu llinellau a bwâu i greu dyluniadau ar sgrin mewn dau a thri dimensiwn. Gall gynhyrchu dyluniadau cymhleth ac fe'i defnyddir yn aml wrth ddylunio nwyddau. Mae pecynnau C.A.D. arbenigol ar gael ar gyfer gwahanol feysydd, megis pensaernïaeth, peirianneg, ffasiwn ac ati.

Waeth pa becyn meddalwedd yr ydych yn ei ddefnyddio, mae'n rhaid i chi feistroli'r gwahanol orchmynion a swyddogaethau a gallu eu defnyddio'n effeithiol. Bydd angen i chi hefyd fod yn gyfarwydd â gwahanol berifferolion, yn enwedig dyfeisiau mewnbynnu (e.e. camerâu digidol, sganwyr a thabledi graffeg) a dyfeisiau allbynnu (e.e. argraffyddion chwistrell, argraffyddion laser a phlotyddion).

Dylai eich gwaith cwrs ddangos eich gallu i wneud ystod o wahanol swyddogaethau drwy ddefnyddio technoleg gyfrifiadurol. Yr un mor bwysig, dylech ddangos eich bod yn gallu dewis yr offer a'r feddalwedd gywir at eich pwrpas.

▲ Myfyriwr yn anodi llun o sgrin i ddangos sut y mae wedi defnyddio TGCh i ddatblygu ei syniadau.
◄ Camera digidol, pecynnau meddalwedd (Quark Xpress, Freehand, Photoshop), sganwyr.

Mae dau brif bwrpas i ddarlunio – egluro ac addurno testun. Weithiau, mae'n gwneud y ddau. Defnyddir gwaith darlunio gan nifer o ddiwydiannau, yn cynnwys cyhoeddi (llyfrau, papurau newydd, cylchgronau a chyfnodolion), cerddoriaeth (cloriau albymau a deunydd hyrwyddo), hysbysebu, dylunio nwyddau a dylunio gwefannau.

O ganlyniad, ceir ystod eang o arddulliau a genres darlunio, o luniau traethiadol i ddarluniau technegol. Mae gwahanol arddulliau yn gofyn am wahanol sgiliau ac yn caniatáu gwahanol raddau o ryddid creadigol. Mae angen i chi ymgyfarwyddo â chynifer â phosibl o wahanol arddulliau a deall eu gofynion penodol.

Ni ddylech gael unrhyw anhawster i ddod o hyd i laweroedd o enghreifftiau cyfoes ond cofiwch fod gwaith cyfoes wedi ei ddatblygu ar gyfer cynulleidfa fodern a bydd felly'n adlewyrchu chwaethau a thueddiadau modern. Bydd angen i chi edrych ar enghreifftiau o waith darlunio o wahanol gyfnodau er mwyn deall posibiliadau'r pwnc hwn yn iawn a sut mae darlunio wedi datblygu fel ffurf ar gelfyddyd.

Y duedd yw mai'r man cychwyn i'r rhan fwyaf o waith yn y maes hwn yw briff. Mae'n hanfodol eich bod yn gallu diffinio project drwy wybod yn union beth a ddisgwylir ohonoch cyn dechrau'r gwaith. Yn ogystal â chanllawiau i'r darluniadau, mae'n bosibl y byddai gennych hefyd gyllideb a dyddiad cau i weithio tuag ato, yn union fel y byddai gan ddarluniwr proffesiynol.

Mae'n rhaid i chi ddeall yn glir pwy yw cynulleidfa darged eich gwaith, gan y byddant yn chwarae rhan bwysig mewn ffurfio'r gwaith yr ydych yn ei gynhyrchu. Dylai'r cyfryngau a'r delweddau yr ydych yn eu defnyddio ddangos dealltwriaeth dda o'u gofynion a'u cyfeiriad meddwl.

Mae'n bwysig eich bod yn ymarfer ac yn datblygu'r sgiliau a'r technegau y mae darlunwyr proffesiynol yn eu defnyddio: o dechnegau celfyddyd gain i ddyraniadau, cynlluniau a golygon. Ar yr ochr ddarlunio technegol, mae dealltwriaeth o dafluniadau isometrig ac orthograffig hefyd yn bwysig. Os arfogwch chi eich hun â chynifer o sgiliau â phosibl, byddwch yn gallu ymdrin ag unrhyw friff yn ddidrafferth.

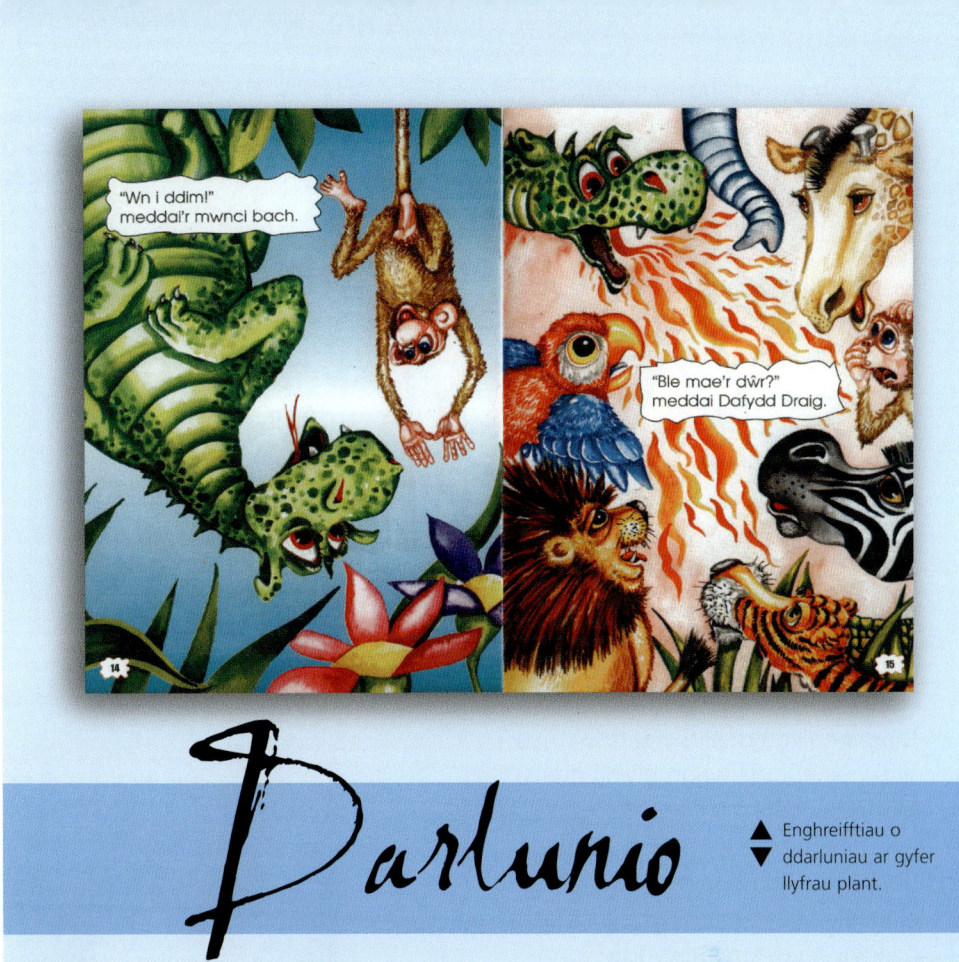

Darlunio

▲▼ Enghreifftiau o ddarluniau ar gyfer llyfrau plant.

Mae pob gwneuthurwr eisiau hyrwyddo ei nwyddau a gwerthu cymaint ag y gall. Maent yn dibynnu ar hysbysebu a phecynnu i ddal llygad y defnyddiwr.

Mae sylw i fanylion yn arbennig o bwysig yn y maes hwn. Mae taflenni, posteri, hysbysebion, gwefannau, logos, penawdau llythyrau a phecynnu i gyd yn cyfrannu at ddelwedd gyhoeddus cynnyrch/cwmni. Bydd angen i chi feddwl yn ofalus am bob agwedd o'ch cynllun (e.e. testun, ffont, lliw a delweddau) a pha neges y maent yn eu cyfleu i drydydd parti. Peidiwch byth â thanamcangyfrif effaith eich dewisiadau.

Mae datblygu dealltwriaeth o'r hyn sy'n gwneud delwedd brand dda yn hanfodol. Edrychwch yn feirniadol ar esiamplau cyfredol o hysbysebu a phecynnu. Pa neges y maent yn ceisio ei chyfleu? Sut maent yn gwneud hynny? A ydynt yn llwyddo? Ymchwiliwch i sut mae dylunwyr wedi trin projectau tebyg yn y gorffennol. Fel man cychwyn, meddyliwch am rai o'r brandiau a'r ymgyrchoedd hysbysebu mwyaf enwog, wedyn ceisiwch ddarganfod sut y cawsant eu datblygu.

Mae angen i chi gasglu cymaint o wybodaeth â phosibl am

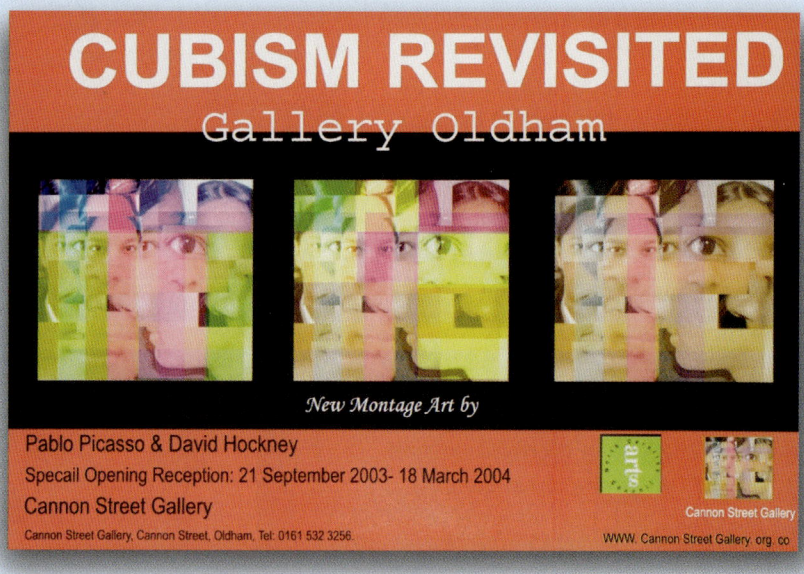

Hysbysebu a Phecynnu

ddymuniadau, anghenion a chwaethau eich cynulleidfa darged. Bydd hyn yn eich helpu i greu dyluniad sy'n apelio atynt yn uniongyrchol, un y byddant yn sylwi arno ac yn ymateb yn ffafriol iddo.

Mae diwylliant a chrefydd yn ystyriaethau pwysig. Gall negeseuon a delweddau a allai fod yn addas i un grŵp cymdeithasol fod yn dramgwyddus neu'n peri dryswch i grŵp arall.

Os ydych yn cynhyrchu defnydd pecynnu, mae ffurf a swyddogaeth yn ystyriaethau hanfodol. Bydd y cynnwys a fwriedir yn chwarae rôl sylweddol mewn siapio eich dyluniadau. Y pedwar prif amcan i'w cofio yw: cadw, gwarchod, rhoi gwybodaeth (neu hyrwyddo) a chludiant. Bydd angen i chi hefyd ystyried gofynion mwy penodol. Mae'n bosibl y bydd yn rhaid i'r defnydd pecynnu ddal hylif neu nwy a gwrthsefyll amodau gwlyb neu dymheredd eithafol.

I'ch helpu i gyrraedd ateb dichonadwy, bydd angen i chi ddatblygu'r sgiliau y mae eu hangen ar gyfer cynhyrchu defnydd pacio prototeip e.e. llunio rhwydi a modelu â phapur a cherdyn.

Bydd gwybodaeth dechnegol o ystod o ddefnyddiau pecynnu yn caniatáu i chi archwilio llawer o atebion posibl. Ystyriwch briodweddau unigol pob defnydd, y prosesau dan sylw wrth ei ddefnyddio a chyfanswm y gost, cyn gwneud dewis terfynol. Gwnewch yn siŵr eich bod yn arwain yr arholwr gam wrth gam drwy'r broses ddewis, gan egluro pam y bu i chi wrthod rhai defnyddiau a ffafrio rhai eraill.

▲ Deunydd marchnata ar gyfer cwmni ffonau symudol.
▲ Hysbyseb ar gyfer arddangosfa sydd i ddod mewn oriel leol.

Fel maes astudio, mae Creu Printiau hefyd yn ymddangos o fewn yr ardystiad Celfyddyd Gain (tud. 36-45). Y gwahaniaeth yw y cynhyrchir gwaith cyfathrebu graffig i fodloni briff, yn hytrach nag fel ffurf rydd o fynegiant.

Y prif feysydd print y mae angen i chi ymgyfarwyddo â nhw yw Printio Cerfweddol (yn cynnwys Gwasg Lythrennau, Printio Leino, Printio Bloc a Fflecsograffeg), Printio Intaglio (Grafur), Printio Sgrin, Printio Planograffig (yn cynnwys Lithograffeg a Lithograffeg Offset) a Phrintio Sych (yn cynnwys llungopïau ac argraffu laser).

Gellir defnyddio pob un o'r technegau hyn mewn nifer o ffyrdd. Mae'n hanfodol eich bod yn gallu dewis y dull mwyaf addas i'ch gwaith chi. I wneud hynny, mae dealltwriaeth o'r gwahanol dechnegau printio yn hanfodol ac mae angen i chi ddatblygu sgiliau ymarferol da mewn cynifer ohonynt â phosibl. Hyd yn oed os dim ond cyfleusterau i chi ymarfer un neu ddau ddull sydd gan eich ysgol neu goleg, bydd yr arholwr yn dal i chwilio am wybodaeth gyffredinol dda o greu printiau.

Mae'r ffactorau i'w hystyried wrth ddewis technegau printio addas yn cynnwys ansawdd, nifer a chostau cynhyrchu. Gallwch archwilio ansawdd yr arwynebau a gynhyrchir gan wahanol dechnegau printio eich hun ac efallai y byddwch yn dymuno trefnu ymweliad, neu hyd yn oed brofiad gwaith, gydag argraffdy lleol. Bydd hyn yn rhoi golwg amhrisiadwy i chi ar arferion argraffu masnachol ac yn rhoi gwell syniad i chi o bosibiliadau a chyfyngiadau gwahanol dechnegau.

Mae dawn artistig yr un mor bwysig â gallu technegol. Bydd yn rhaid i chi gyfansoddi eitemau ar gyfer printio, gan ddod â thestun, lliw a delweddau at ei gilydd yn eich dyluniadau i gwrdd â meini prawf eich briff. Un o sialensiau mwyaf y maes astudio hwn yw trosglwyddo eich syniadau creadigol i brint.

Bydd astudio gwaith gwneuthurwyr print eraill (o'r gorffennol a'r presennol) yn eich helpu i wella a datblygu eich gwaith eich hun. Edrychwch ar sut mae unigolion wedi trin gwahanol brojectau a throi eu syniadau'n brint. Mae hefyd yn syniad da archwilio sut mae datblygiadau technolegol a mudiadau celf y cyfnod wedi effeithio ar eu gwaith. Byddwch yn feirniadol yn eich astudiaethau. Os gallwch nodi ble mae eraill wedi llwyddo, gallwch ddefnyddio syniadau a thechnegau tebyg yn eich gwaith eich hun.

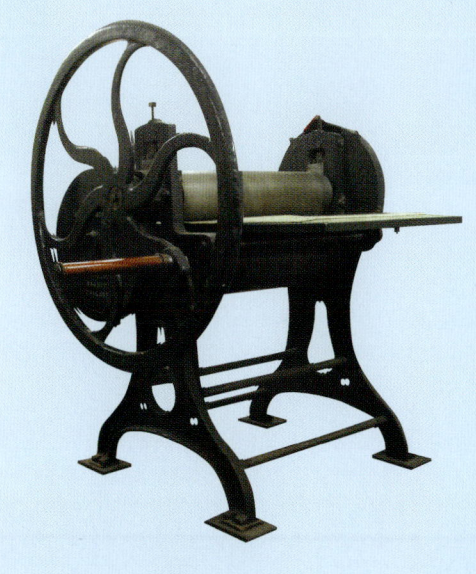

▶ Gwasg ysgythru draddodiadol ar gopr *(uchod)* a gwasg gerfweddol *(isod)*.
▼ Print cerfweddol wedi'i gynhyrchu gan ddefnyddio cerdyn a dyluniad wedi'i addasu o ddelwedd ffotograffig.

Creu Printiau

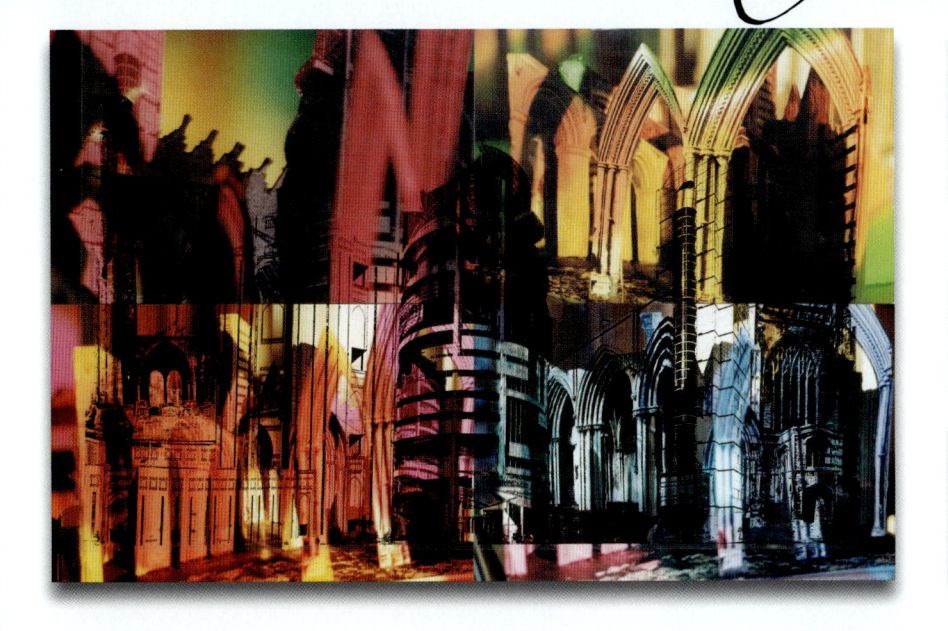

53

Dylunio Tecstilau

Cyflwyniad i Ddylunio Tecstilau

Mae'r ardystiad Dylunio Tecstilau yn ymwneud â chynhyrchu tecstilau (e.e. defnyddio technegau fel gwau a gwehyddu) a defnyddio tecstilau mewn ffordd greadigol, naill ai i wneud rhywbeth defnyddiol neu addurniadol. Mae'n golygu astudiaeth fanwl o ystod eang o ddefnyddiau, prosesau a thechnegau o wahanol darddiadau diwylliannol.

Mae dylunio tecstilau yn faes astudio enfawr – defnyddir ffabrigau a defnyddiau mewn amrywiaeth aruthrol o ffyrdd. Yn eich gwaith, mae angen i chi ddangos eich bod yn cydnabod hynny. Ceisiwch edrych ar gynifer â phosibl o ffyrdd o'u defnyddio, yn enwedig mewn meysydd blaengar fel ffasiwn, dodrefnu'r cartref a chelfyddyd gain.

Mae'r cwrs Dylunio Tecstilau yn caniatáu llawer o arbrofi. Ceir amrywiaeth anhygoel o ddefnyddiau y gallwch weithio arnynt. Mae'r sbectrwm cyfoethog o liwiau a gweadau sydd ar gael a'r ystod eang o dechnegau y gellir eu defnyddio yn cynnig posibiliadau di-ben-draw i chi eich mynegi eich hun.

Yn ogystal â gweithio gyda thecstilau, bydd disgwyl i chi ddefnyddio defnyddiau celf eraill i ddarlunio eich syniadau a datblygu eich dyluniadau. Ceisiwch gydbwyso defnyddiau sych fel pensiliau lliw, pasteli, sialc, siarcol a collage a rhai gwlyb fel inciau, llifynnau, paent acrylig a phaent olew i gael yr effaith orau.

Os ydych yn astudio Dylunio Tecstilau, mae angen i chi ddarllen yn ofalus y wybodaeth yn yr adran hon AC yn yr adran 'Sgiliau a Dysgu Hanfodol' ar ddechrau'r llyfr (tud. 12-32) i sicrhau eich bod yn cwmpasu holl ofynion y cwrs TGAU Celf a Dylunio.

Bydd disgwyl i chi ddatblygu a dangos ystod o sgiliau arbenigol a gweithio tuag at gynhyrchu darn terfynol mewn un neu fwy o'r meysydd astudio a ganlyn: Defnyddiau wedi'u Printio a/neu eu Llifo, Tecstilau Domestig, Tecstilau Gwneud a/neu Osod, Ffasiwn a/neu Wisgoedd. Ceir rhagor o wybodaeth am y meysydd astudio unigol ar dudalennau 60-63.

Ffurf a Swyddogaeth

'Ffurf' gwrthrych neu ddarn o gelfyddyd yw ei siâp neu ffurfwedd gyfan gwbl; y ffordd y mae'r gwahanol elfennau wedi eu trefnu mewn perthynas â'i gilydd. Gall swyddogaeth y gwrthrych h.y. y ffordd y caiff ei ddefnyddio, effeithio'n uniongyrchol ar ei ffurf.

Mae dylunwyr yn aml yn cynhyrchu gwaith sy'n ymddangos yn syml ond sydd wedi ei ddatblygu'n ofalus i gwrdd â phwrpas penodol. Mae angen i chi fod yn ddigon hyblyg i fodloni gofynion ffurf a swyddogaeth yn eich gwaith eich hun heb orfod aberthu creadigrwydd.

I archwilio syniadau ffurf a swyddogaeth ymhellach, gallech edrych ar esiamplau sy'n gweithio e.e. ewch i adran wisgoedd eich theatr leol i weld sut mae gofynion yr actorion ar lwyfan yn effeithio ar ddyluniad y dillad y maent yn eu gwisgo.

Mae'r rhan fwyaf o ddylunwyr tecstilau masnachol yn dilyn briff dylunio a bydd disgwyl i chi wneud yr un peth. Wrth ymchwilio i ofynion penodol y briff ac edrych ar esiamplau sy'n bodoli eisoes dylech, gydag ymarfer, allu nodi'r elfennau hanfodol o ran ffurf a swyddogaeth y bydd angen i chi eu cynnwys yn eich dyluniadau.

I ddeall swyddogaeth gwrthrych yn llawn a goblygiadau hynny, dylai rhan bwysig o'ch ymchwil gynnwys cwestiynu'r person neu'r sefydliad a osododd y briff gwreiddiol. Mae hefyd yn werth cysylltu â dylunwyr proffesiynol sy'n gweithio yn y maes sydd o ddiddordeb i chi.

Bydd swyddogaeth y gwrthrych yn pennu'r priodweddau y byddwch yn edrych amdanynt wrth ddewis defnydd addas ar gyfer ei wneud e.e. mae'n bosibl y bydd angen iddo allu cael ei olchi â pheiriant, bod yn gryf ac yn wydn. Gallech ymweld â chyflenwyr neu wneuthurwyr. Byddant yn gallu eich cynghori ar ba mor addas yw gwahanol ddefnyddiau at eich pwrpas.

Mae hon yn elfen anodd, ond gallwch ei defnyddio i ddangos eich dyfeisgarwch a'ch gallu i sicrhau gwybodaeth berthnasol i'r arholwr.

▲ Mae'n rhaid i chi ystyried ffurf a swyddogaeth yn ofalus wrth ddatblygu eich dyluniad terfynol.

▼ Gall dadansoddi ffurf a swyddogaeth nwyddau sy'n bodoli eisoes fod yn fan cychwyn da.

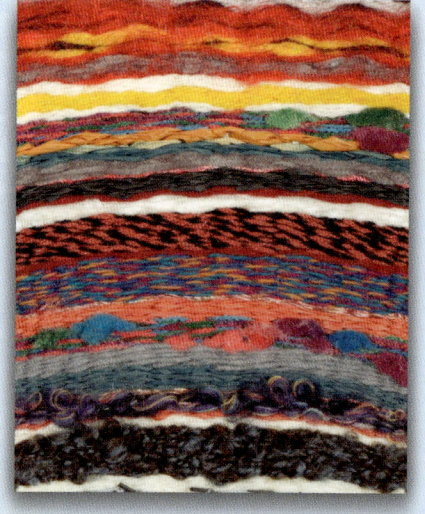

Fel rhan o'r cwrs hwn, bydd angen i chi archwilio gwahanol dechnegau sy'n gysylltiedig â dylunio tecstilau. Nid yn unig y bydd yr arholwr yn edrych am dystiolaeth eich bod wedi gwneud hynny, mae o fudd i chi hefyd. Os edrychwch ar gynifer o wahanol ddulliau â phosibl, bydd gennych lawer mwy o le i fod yn greadigol pan ddowch i gynhyrchu eich darn terfynol.

Isod ceir rhai yn unig o'r dulliau y gallech ymchwilio iddynt. Nid yw'r rhestr hon yn hollgynhwysol o gwbl. Dylech ddod o hyd i fwy wrth wneud eich ymchwil.

Printio
- Printio Bloc
- Stensilio
- Printio Sgrin
- Printio â Rholer wedi'i Ysgythru
- Printio Trosluniau
- Printio Digidol

Llifo
- Llifo â Phigment
- Llifo Naturiol ac â Llysiau
- Batic
- Clymliwio
- Paentiau Ffabrig

Adeiladwaith
- Gwehyddu
- Gwau
- Clytwaith
- Brodwaith
- Appliqué
- Cwiltio
- Ffeltio
- Llawdrin (e.e. Shibori)
- Addurno (e.e. Shisha)

Rhan hanfodol o'r cwrs dylunio tecstilau yw edrych ar sut mae artistiaid eraill yn y maes hwn yn gweithio. Rhowch sylw arbennig i'r modd y maent yn cyfuno gwahanol dechnegau a disgyblaethau a'u defnydd o ddulliau traddodiadol yn ogystal â chyfoes, gan y bydd hynny'n ddefnyddiol pan ddowch i gynhyrchu eich gwaith eich hun.

Wrth edrych ar yr holl wahanol ffyrdd hyn o weithio, rydych yn chwilio am yr un sy'n eich helpu chi i fynegi eich syniadau yn fwyaf effeithiol.

◀ Cafodd y dyluniadau hyn a ysbrydolwyd gan adeiladau eu cynhyrchu gan ddefnyddio gwahanol dechnegau: *appliqué*, gwehyddu, stensilio, peintio sidan a phrintio cerfweddol.

Ffyrdd o Weithio

Dulliau Addas

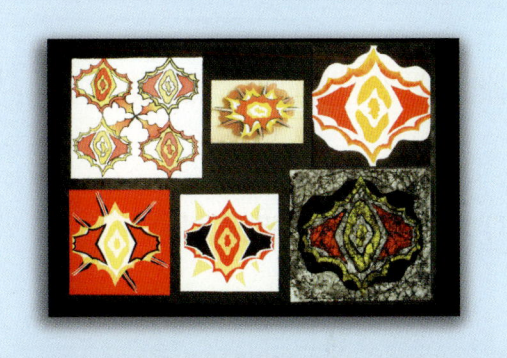

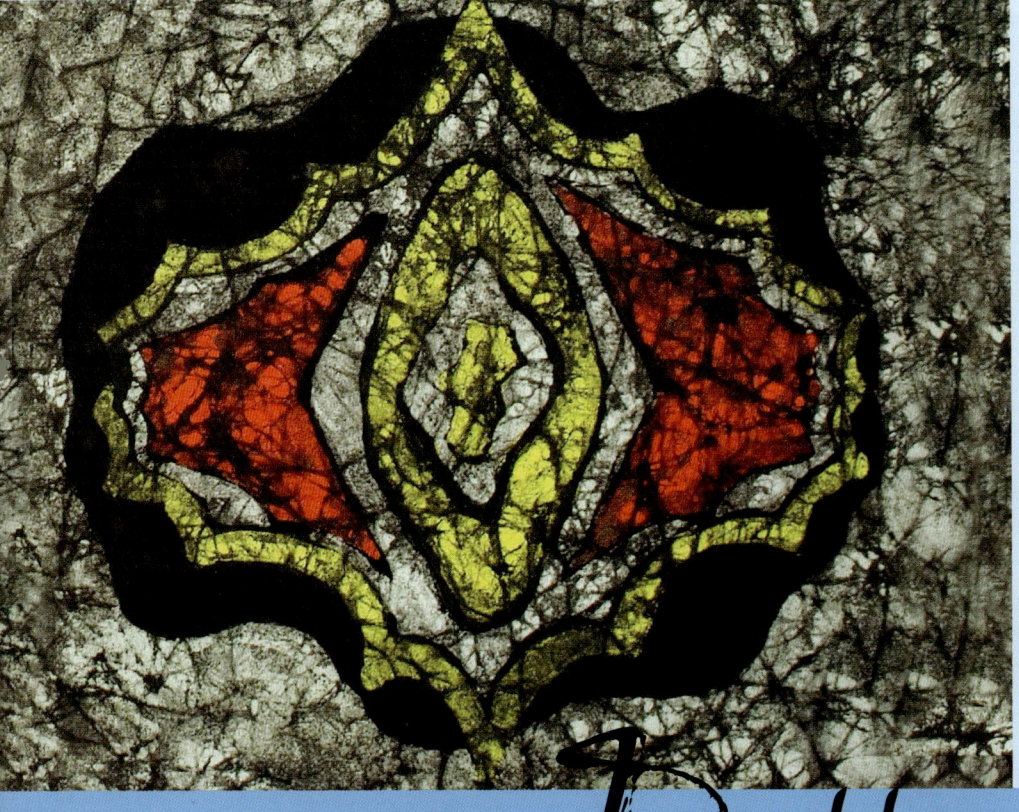

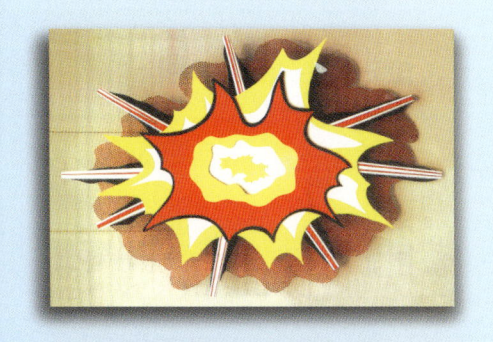

Gall y ffordd y mae artistiaid a dylunwyr tecstilau yn gweithio amrywio'n fawr, o waith llaw i dechnoleg gyda chymorth cyfrifiadur, yn dibynnu ar eu pwrpas. Mae pwrpas yn rhywbeth y bydd angen i chi ei ystyried yn ofalus wrth benderfynu sut i gynhyrchu eich darn terfynol.

I allu dewis dulliau a phrosesau addas ar gyfer eich cynnyrch gorffenedig, mae angen i chi gael gwybodaeth weithiol dda o ystod o brosesau celf, crefft, dylunio a gweithgynhyrchu.

Yn seiliedig ar y wybodaeth honno, dylech allu gwneud asesiad manwl o gryfderau a gwendidau pob proses ac adnabod ble y gellir ei defnyddio'n fanteisiol a ble y mae'n well ei hosgoi.

Er enghraifft, gallai pwytho â llaw fod yn addas os ydych yn cynhyrchu croglun unigryw, ond ni fyddai'n addas i wnïo semau trowsus. Mae pwytho â pheiriant yn llawer cyflymach a chryfach ac felly'n llawer mwy addas i'r math hwn o gynnyrch.

Mae llawer o ddylunwyr cyfoes yn defnyddio technoleg gwybodaeth yn y broses ddylunio a'r broses gynhyrchu fel ei gilydd. Mae'n hanfodol eich bod yn deall rhai o'r cymwysiadau fel y gallwch eu defnyddio eich hun pan fydd hynny'n briodol. Dechreuwch drwy ymchwilio i rai o'r pecynnau C.A.D. (Cynllunio drwy Gymorth Cyfrifiadur) a'r peiriannau cyfrifiadurol sydd ar gael ar hyn o bryd. Os oes gan eich ysgol neu goleg unrhyw offer o'r fath, gwnewch yn siŵr eich bod yn gwybod sut i'w ddefnyddio'n gywir.

Gall y dechnoleg a'r defnyddiau ar gyfer dylunio tecstilau fod yn beryglus. Gall peiriannau gynnwys darnau sy'n symud yn gyflym ac mae'r offer yn aml yn finiog. Mae'n rhaid i chi fod yn ymwybodol o'r peryglon a gallu cadw at yr holl ganllawiau diogelwch perthnasol wrth ddefnyddio'r offer hwn. (Am ragor o wybodaeth am Arferion Gweithio Diogel gweler tud. 94-95).

▲ Archwiliwch wahanol ddulliau o gynhyrchu eich dyluniad terfynol. Arbrofodd y fyfyrwraig hon â thechnegau fel printio sidan, batic ac appliqué i ddod o hyd i un oedd yn addas i'w motiff celfyddyd bop.

59

▶ Gellir defnyddio peintio sidan i gynhyrchu dyluniadau manwl unwaith yn unig. Mae'n addas ar gyfer ystod o gynnwys.

▼ Mae dulliau printio a llifo yn aml yn gofyn am offer arbenigol: pot batic a chwyr, Tjantings (ar gyfer gosod y cwyr) a sgrin brintio.

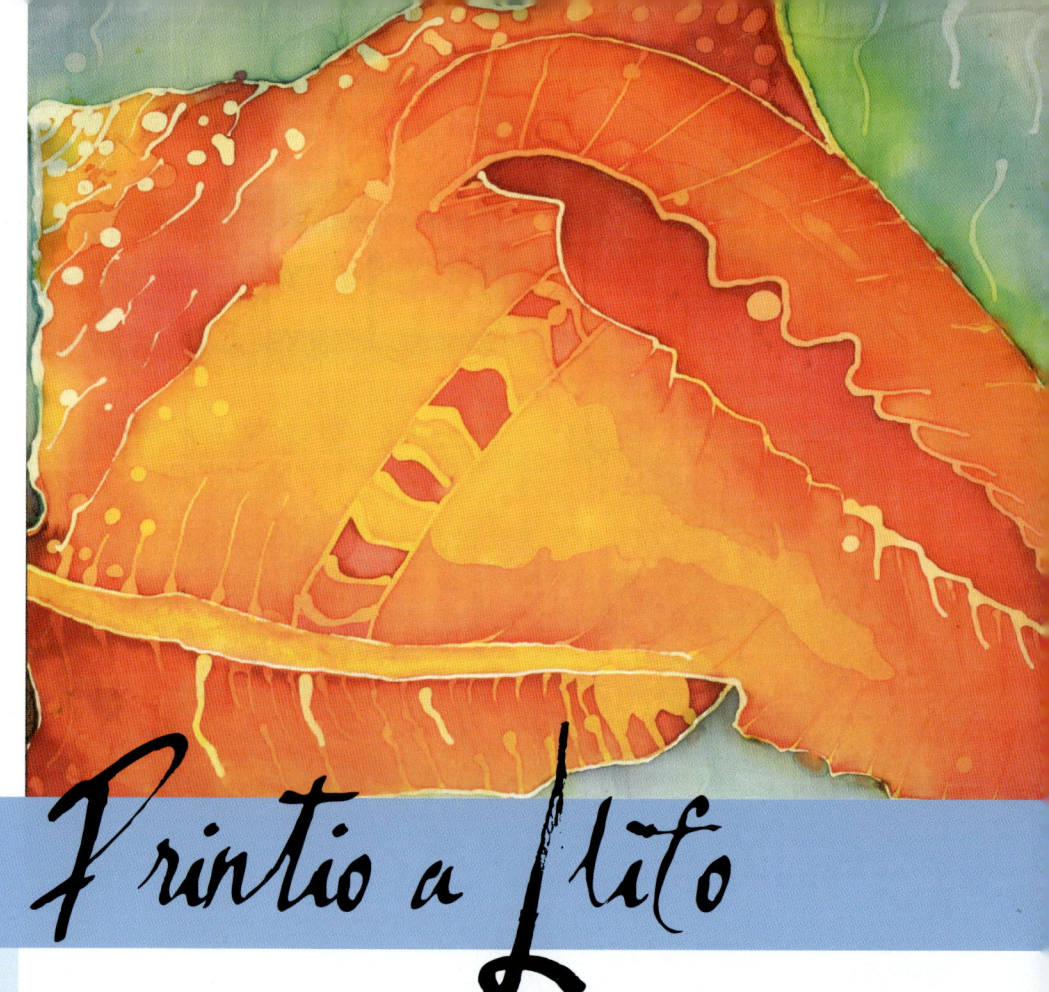

Printio a Llifo

Printio

Os dewiswch astudio defnyddiau printiedig, mae'n hanfodol eich bod yn ymchwilio i'r holl wahanol dechnegau y gellir eu defnyddio. Bydd angen i chi ddewis un dull o brintio i'w astudio'n fanwl ac i ddatblygu arbenigedd technegol ynddo. Mae'n eithaf posibl y byddwch yn darganfod mai arbenigedd eich athro neu ddarlithydd a'r cyfleusterau yn eich ysgol neu goleg fydd yn rheoli eich dewis yn hyn o beth.

Mae'r dulliau printio i'w hystyried yn cynnwys Printio Mono, Printio Cerfweddol, Printio Torlun Pren neu Floc, Printio Torlun Leino neu Brintio Sgrin. Gallwch gynhyrchu dyluniadau syml neu gymhleth yn effeithiol iawn yn dibynnu ar ba un o'r technegau hyn a ddefnyddiwch.

Ceir traddodiad cyfoethog iawn o ddefnyddiau printiedig drwy hanes. Efallai y caiff eich arbrofi chi eich hun ei gyfyngu gan amser, adnoddau a chost, felly mae'n bwysig archwilio'r dreftadaeth hon i ddarganfod pa mor amlbwrpas y gall y technegau hyn fod mewn gwirionedd. Mae gan lawer o amgueddfeydd esiamplau y gallwch edrych arnynt.

Mae technegau ac arddulliau printio â llaw traddodiadol yn cael dylanwad enfawr ar ddylunwyr cyfoes heddiw. Yn yr un modd, dylech geisio datblygu'r technegau traddodiadol hyn at eich diben eich hun, i gynhyrchu dyluniadau cyfoes.

Llifo

Mae hanes hir i lifo ffabrig. Mae'r technegau mwy traddodiadol fel Batic, Clymlywio a Pheintio Sidan, yn dueddol o fod yn boblogaidd gyda myfyrwyr oherwydd eu bod yn fwy addas i'r ystafell ddosbarth na dulliau diwydiannol modern.

Peidiwch â meddwl, er hynny, bod astudio'r technegau hyn yn ddewis hawdd. Mae'n rhaid i chi ymgyfarwyddo â'r offer a'r gweithdrefnau fel y gallwch eu defnyddio'n fedrus. Dim ond ar ôl i chi allu gwneud hynny y byddwch yn gallu arbrofi'n effeithiol a darganfod yr holl bosibiliadau a gynigir gan y dulliau hyn.

Mae nifer y dylunwyr tecstilau cyfoes sy'n defnyddio technegau traddodiadol yng nghyd-destun yr unfed ganrif ar hugain yn cynyddu. Gall edrych ar esiamplau o'u gwaith helpu i ehangu eich gwybodaeth a'ch arbenigedd chi eich hun.

60

Tecstilau Domestig

Nid yw Tecstilau Domestig wedi eu cyfyngu i ddodrefn meddal e.e. rygiau, cwiltiau, gorchuddion clustogau, llenni a llieiniau bwrdd. Mae hefyd yn cynnwys darnau addurniadol yn unig megis crogluniau a gwrthrychau addurnol.

Mae elfen hanesyddol gref i'r maes astudio hwn. Am ganrifoedd, mae tecstilau domestig wedi eu cynhyrchu oherwydd angen (e.e. blancedi a rygiau er mwyn cynhesrwydd) a balchder (e.e. tapestrïau a sampleri i addurno cartrefi). O ganlyniad, maent yn ffynhonnell amhrisiadwy o wybodaeth am hanes cymdeithas, yn rhoi golwg ar ffordd o fyw y dosbarth, yr ardal a'r cyfnod lle y cawsant eu cynhyrchu. Mae hynny'n golygu bod gan lawer o amgueddfeydd eitemau sy'n berthnasol i'r maes.

Gall cyfnodau penodol fod yn arbennig o ddiddorol i'w hastudio fel cefndir i'ch gwaith chi eich hun. Er enghraifft, yr Ail Ryfel Byd pan oedd dogni ac adnoddau cyfyngedig yn gorfodi pobl i fod yn fwy dyfeisgar wrth gynhyrchu tecstilau domestig.

Mae tecstilau domestig yn gorgyffwrdd â Thecstilau Printiedig a/neu wedi'u Llifo a Thecstilau Gwneud. Mae gan lawer o'r technegau traddodiadol yn y meysydd astudio hyn, fel llifo â llaw, gwau a gwehyddu, darddiad domestig. Hynny yw, fe'u defnyddiwyd, i ddechrau, yn y cartref.

Ymhlith y dulliau traddodiadol eraill a ddefnyddir i gynhyrchu tecstilau domestig mae bachu (rygiau), cwiltio, clytwaith a thapestri. Ceisiwch sicrhau gwybodaeth o gymaint â phosibl o'r technegau hyn – bydd yn rhoi rhagor o ddewisiadau i chi pan ddowch chi i gynhyrchu eich gwaith eich hun.

Mewn tecstilau domestig modern mae'r gwahaniaeth rhwng ymarferoldeb ac addurn efallai'n llai amlwg nag yn y gorffennol. Mae defnyddwyr heddiw yn aml yn disgwyl i nwyddau gyfuno'r ddwy elfen. Felly, mae'n bwysig eich bod yn taro cydbwysedd da yn eich gwaith rhwng estheteg a ffurf a swyddogaeth (gweler tud. 55).

Mae'r maes astudio hwn yn cynnwys technegau y gellir eu defnyddio i greu tecstilau neu i ddatblygu rhai sy'n bodoli eisoes. Mae'n gosod pwyslais cryf ar ansawdd arwyneb gwahanol ddefnyddiau a ffabrigau. Gallwch ddangos dealltwriaeth dda o hyn drwy ddefnyddio gwahanol weadau a gorffeniadau i greu gwahanol effeithiau.

Mae gennych lawer o ryddid ar y cwrs hwn a gallwch fod yn arbrofol iawn. Er hynny, mae'n bosibl yr hoffech ddefnyddio'r dulliau poblogaidd, traddodiadol hyn fel man cychwyn:

▶ Mae'r darn addurniedig hwn yn cyfuno *appliqué* ac addurniad.
▼ Mae gwau yn ddull amlochrog iawn o gynhyrchu tecstilau.

Adeiladu a Chymhwyso

Gwehyddu

Gwehyddu yw un o'r dulliau hynaf o gynhyrchu tecstilau. Ceisiwch edrych ar ystod o arddulliau a *genres* o wahanol gyfandiroedd ac ymchwiliwch i'r gwahanol fathau o wyddiau a ddefnyddir ar gyfer gwehyddu. Os ydych yn deall sut y caiff gwahanol fathau o wehyddiadau eu cynhyrchu, bydd gennych lawer o opsiynau i ddewis ohonynt ar gyfer creu eich gwaith eich hun. Gallech hyd yn oed ddatblygu eich gwŷdd eich hun.

Gwau

Gwau â llaw yw sail y pwnc hwn. Er hynny, bu datblygiadau aruthrol mewn dylunio tecstilau wedi'u gwau yn y blynyddoedd diwethaf. Mae peiriannau gwau yn dod yn fwy a mwy cymhleth ac mae amrywiaeth y gwaith y gallant ei gynhyrchu wedi cynyddu'n fawr. Mae'n bendant yn werth chweil mynd i'r afael â'r dechnoleg – bydd yn eich helpu i fynegi eich syniadau eich hun yn llawer cynt a mwy effeithiol.

Ffeltio

Mat trwchus o ffibrau gwlân wedi'i gynhyrchu drwy ddefnyddio lleithder, gwres a rhwbio egnïol neu bwysau gosod yw ffelt.

Mae'n gyfrwng eithriadol o amlochrog a gellir ei ddefnyddio'n fflat, wedi'i adeiladu'n ffurfiau cerfluniol neu ei estyn dros ffurfwyr i gynhyrchu nwyddau fel hetiau ac esgidiau. Fe'i defnyddir gan wahanol grwpiau ethnig i gynhyrchu dillad, dodrefn meddal a phebyll a chan ddiwydiant modern i gynhyrchu popeth o bianos i beli tennis. Archwiliwch wahanol fathau o gnu (*fleece*), priodweddau'r ffelt y maent yn ei gynhyrchu a sut y gellir cyflwyno ffibrau eraill (e.e. moher, cashmir, llin neu alpaca) i gael gwahanol ansoddau.

Ymhlith y technegau traddodiadol eraill y gallwch dynnu arnynt mae brodwaith, *appliqué*, clytwaith, cwiltio a gwaith Shisha (math o addurno lle caiff drychau bychain bach eu brodio ar ffabrigau). Gellir cyfuno dulliau llaw fel y rhain â thechnoleg peiriannau i gynhyrchu canlyniadau trawiadol.

Gellir trin rhai tecstilau drwy ychwanegu gludyddion i'w gwneud yn anhyblyg neu drwy ddefnyddio gwres neu gemegion i newid eu priodweddau. Er enghraifft, mae Shibori Siapaneaidd yn golygu clymu ffabrig mewn patrymau cymhleth a defnyddio gwres i 'sefydlogi'r' dyluniad.

Mae hwn bob amser wedi bod yn faes astudio poblogaidd. Gyda chynifer o esiamplau i ddewis ohonynt, mae dod o hyd i syniadau, defnyddiau addas a ffabrigau yn gymharol hawdd. Er hynny, mae'n bwysig mai dim ond fel ysbrydoliaeth yr ydych yn defnyddio'r rhain a'ch bod yn gweithio tuag at gynhyrchu dyluniadau gwreiddiol.

Mae dylunydd ffasiwn da bob amser yn cynhyrchu ei ddyluniadau ar bapur yn gyntaf. Mae tynnu lluniau a gallu eich mynegi eich hun ar bapur yn rhan hanfodol o'r maes astudio hwn. Drwy gydol y cwrs bydd angen i chi gynhyrchu brasluniau, lluniadau manwl a lluniadau wrth raddfa o'r dyluniad terfynol. Mae'n syniad da cynhyrchu rhai lluniau o fodelau mewn ystumiau sampl yr ydych chi'n hapus â nhw, wedyn pryd bynnag y byddwch eisiau braslunio neu ddatblygu dilledyn gallwch ddargopïo dros un o'r ystumiau hynny.

Sgiliau arbenigol eraill y bydd angen i chi eu datblygu yn y maes astudio hwn yw gwneud patrymau a modelu gan ddefnyddio *toiles*. *Toile* yw'r enw a roddir i ddilledyn prototeip.

Er bod llawer o'r dillad a welir yn cael eu modelu heddiw yn orgywrain ac anymarferol, mae'r rhan fwyaf o ddylunwyr yn cynhyrchu dyluniadau sy'n addas i'w gwisgo. O gofio hynny, bydd angen i chi ymchwilio i union bwrpas ffasiwn. Dylai pa gasgliadau bynnag a gyrhaeddwch fod yn amlwg yn eich gwaith, fel y gall yr arholwr weld eich cymhelliant.

Mae'r broses ddylunio yn arbennig o bwysig yn y maes astudio hwn a dylai pob cam datblygu gael ei adlewyrchu yn eich gwaith. Dylai fod yn glir sut y bu i chi, wrth gwblhau eich dyluniad, werthuso ei addasrwydd i'w ddefnyddio, y dulliau cynhyrchu, y defnyddiau a'r patrymau. Mae angen i chi ddangos y prosesau a ddefnyddiwyd i gynhyrchu'r dilledyn terfynol hefyd.

Mae dylunwyr heddiw yn defnyddio TGCh yn helaeth yn eu prosesau cynhyrchu a dylech edrych ar sut y gellir ei ddefnyddio i'ch helpu i ddatblygu eich gwaith eich hun yn llawn. Gall y canlyniadau fod yn werth chweil o ran y darn terfynol a gynhyrchir a'r radd a enillir am y cwrs.

Ffasiwn a Gwisgoedd

▼ Gwisg a ysbrydolwyd gan bensaernïaeth Gaudi.

Dylunio 3-D

Cyflwyniad i Ddylunio 3-D

Ar y cwrs hwn, byddwch yn gweithio tuag at gynhyrchu cynnyrch tri dimensiwn (h.y. un sydd â hyd, lled a dyfnder ffisegol), sy'n cyfuno ymarferoldeb a phriodweddau esthetig. Mae'r maes astudio hwn yn cynnwys llawer o wahanol ddisgyblaethau a gallwch gynhyrchu gwaith mewn amrywiaeth o gyfryngau.

Fel y mae'r enw'n awgrymu, mae hwn yn ardystiad lle mae dylunio'n flaenaf. Bydd angen i chi feddwl a gweithio fel dylunydd o'r dechrau. Mae agwedd ymarferol yn hanfodol, yn ogystal â dealltwriaeth dda o'r broses ddylunio, yr holl ffordd o'r briff drwy ymchwil ac astudio hyd at gynnyrch terfynol a gwerthuso. Bydd angen i chi ystyried y cleient drwy'r amser (p'un ai yw'n real neu ddychmygol), gan ddewis yr ateb mwyaf addas i'ch briff a pharhau i adolygu ac addasu eich syniadau yn unol â hynny.

Er y bydd eich cynnyrch terfynol yn dri dimensiwn, bydd tynnu lluniau yn rhan hanfodol o'ch gwaith. I arbed amser ac arian fel ei gilydd, mae angen i ddylunwyr allu datrys problemau ar bapur cyn trosglwyddo eu syniadau i dri dimensiwn. Mae dealltwriaeth gadarn o gysyniadau sylfaenol fel ffurf a swyddogaeth yn hanfodol os ydych yn mynd i gynhyrchu atebion ymarferol.

Os ydych yn astudio Dylunio Tri Dimensiwn, mae angen i chi ddarllen yn ofalus y wybodaeth yn yr adran hon AC yn yr adran 'Sgiliau a Dysgu Hanfodol' ar ddechrau'r llyfr hwn (tud. 12-32) i sicrhau eich bod yn cwmpasu holl ofynion y cwrs TGAU Celf a Dylunio.

Mae'n rhaid i chi gynhyrchu gwaith mewn un neu fwy o'r meysydd astudio canlynol: Cerameg, Cerflunwaith, Dylunio Theatr, Teledu, Ffilm a/neu Arddangosfeydd, Gemwaith ac Addurno Mewnol, Dylunio Cynnyrch a/neu Amgylcheddol. Ceir rhagor o wybodaeth am y meysydd pwnc unigol ar dudalennau 68-72.

Defnyddiau a Thechnegau

Mae angen i chi gael dealltwriaeth dda o amrywiaeth eang o ddefnyddiau, offer a thechnegau sy'n berthnasol i'r gwaith a ddewiswyd gennych. Dechreuwch drwy ddysgu'r theori, ac yna gweithiwch tuag at ddatblygu sgiliau ymarferol.

Bydd yr offer y byddwch yn eu defnyddio ar y cwrs yn dibynnu ar yr adnoddau sydd ar gael yn eich ysgol neu goleg a natur eich gwaith. Mae'n bosibl, er hynny, iddo ddod â chi i gysylltiad agos ag offer peryglus iawn.

Mae odynnau, offer weldio a sodro, gefeiliau, tanau a ffowndrïau i gyd yn dibynnu ar wres tanbaid, yr un fath â'r offer arbenigol a ddefnyddir i drin plastigion.

Gall defnyddio offer torri trydanol fel driliau, llifiau, turnau, plaenau cafnu, peiriannau melino ac ati, helpu i gynhyrchu gwaith yn gyflymach a mwy effeithiol tra gall sandwyr, plaeniau a meini llifanu gynhyrchu amrywiaeth o orffeniadau.

Mae'n hanfodol eich bod yn gwybod sut i ddefnyddio'r mathau hyn o beiriannau ac offer peryglus yn gywir ac yn ddiogel. Am ganllawiau a chyngor ar sut i wneud hyn, trowch i dudalennau 94-95.

Mae'n rhaid i chi ddangos i'r arholwr eich bod yn gallu adnabod y defnyddiau, y cyfarpar a'r offer sydd fwyaf addas ar gyfer eich gwaith. Mae angen i chi allu dethol prosesau a fydd yn eich helpu i gynhyrchu cynnyrch o safon dda a dylai eich ymchwil gynnwys archwiliadau technegol i wahanol ddefnyddiau er mwyn sefydlu a ydynt yn addas at eich pwrpas. Rhan hanfodol o'r broses ddylunio yw gallu dethol defnyddiau sy'n gallu cynnal a gwella swyddogaethau eich darn terfynol.

Drwy gydol y cwrs dylech gadw llyfr nodiadau technegol. Defnyddiwch hwn i nodi gweithdrefnau cam wrth gam, ryseitiau gwydreddau, priodweddau gwahanol fathau o bren, gorffeniadau y gellir eu rhoi ar arwynebau metel … unrhyw beth sy'n berthnasol i'ch gwaith. Byddwch yn darganfod yn fuan bod y llyfr nodiadau hwn yn dod yn gyfeirlyfr amhrisiadwy.

▲ Mae adnabod technegau a gorffeniadau addas yn rhan bwysig o'r broses ddylunio.

▼ Ymchwiliodd y fyfyrwraig hon i wahanol dechnegau crochenwaith slip i ddod o hyd i'r un mwyaf addas i'w dyluniad hi.

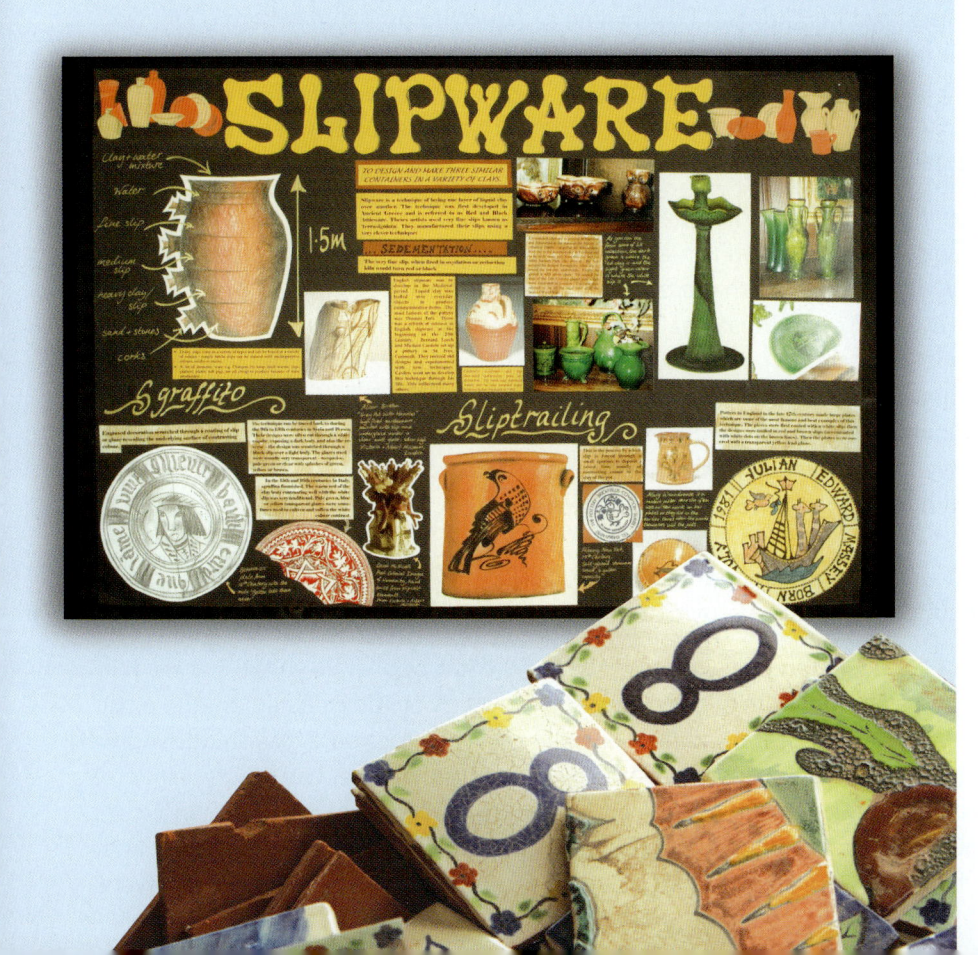

65

Unwaith y byddwch wedi braslunio rhai syniadau dylunio ac archwilio defnyddiau addas, bydd angen i chi edrych ar ddulliau adeiladu a chynllunio'r ffordd fwyaf effeithiol o adeiladu eich darn terfynol. Gall y defnyddiau y mae artistiaid tri dimensiwn yn gweithio gyda nhw fod yn ddrud – cynllunio gofalus yw'r ffordd orau o osgoi camgymeriadau costus a siom.

Modelu yw un o'r ffyrdd gorau o weld a yw eich syniadau dylunio yn ymarferol. Bydd brasfodel neu *maquette* wedi'i wneud o bapur, cerdyn ysgafn neu bren balsa yn help i chi weld sut y bydd y darn terfynol yn edrych a dylai eich helpu i ddynodi unrhyw broblemau posibl

▶ Tynnwch ffotograff o'ch darn terfynol ar bob cam o'r broses gynhyrchu.
▼ Mae cynhyrchu darnau prawf yn ffordd dda o ymarfer technegau, a gwirio'r canlyniadau.

Dulliau o Weithio

ynglŷn â'r dyluniad. Wrth weithio gyda'r defnyddiau rhad hyn gallwch fireinio eich syniadau dylunio, datgymalu'r model ac addasu nes y byddwch yn hollol fodlon.

Dylai'r broses o adeiladu'r model eich helpu hefyd i weithio allan y dulliau adeiladu sydd eu hangen i gynhyrchu'r darn terfynol. Os cânt eu tynnu oddi wrth ei gilydd yn ofalus, gellir hyd yn oed ddefnyddio cydrannau model wrth raddfa fel patrymlun.

Mae modelau'n ffordd ardderchog o gyflwyno eich syniadau i'ch athro neu ddarlithydd. Ar gyfer rhai projectau e.e. dylunio setiau theatr, gallai fod yn briodol hyd yn oed i gyflwyno model wrth raddfa i'r arholwr i'w asesu. Bydd dylunwyr theatr proffesiynol yn aml yn cyflwyno eu syniadau i'r cyfarwyddwr a'r tîm llwyfan yn y ffurf hon fel y gellir mynd i'r afael ag unrhyw broblemau technegol posibl neu anghysonderau dylunio cyn dechrau cynhyrchu.

Cyn i chi ddechrau adeiladu, gwnewch yn siŵr eich bod yn teimlo'n hyderus ynglŷn â'r holl brosesau angenrheidiol. Mae'n syniad da i gynhyrchu darnau treialu bach i ymarfer a hogi eich sgiliau cyn dechrau gwaith ar y darn terfynol. Gwnewch yn siŵr eich bod yn cadw eich modelau a'ch darnau treialu i gyd; maent yn rhan bwysig o'ch gwaith cwrs.

Gwneir camgymeriadau a cheir problemau yn ystod adeiladu ar hyd yn oed y projectau sydd wedi'u cynllunio'n fwyaf gofalus. Peidiwch â gwylltio os aiff rhywbeth o'i le. Os gallwch ddangos sgiliau datrys problemau a dod o hyd i ateb ymarferol (hyd yn oed os yw hynny'n golygu gofyn i rywun arall am gyngor) fyddwch chi ddim yn colli marciau.

Mae'n syniad da cael ffotograff o'r darn terfynol yn ystod pob cam o'r gwaith cynhyrchu. Bydd hyn yn eich helpu i arwain yr arholwr drwy'r broses gam wrth gam. Mae hefyd yn golygu bod gennych gofnod parhaol, petai'r darn yn cael ei niweidio neu'n torri.

Pan ddaw hi'n fater o osod eich darn terfynol at ei gilydd, talwch sylw arbennig i fanylion. Gorffeniad cyffredinol y dyluniad yw'r peth cyntaf y bydd pobl eraill yn sylwi arno, felly dydych chi ddim eisiau difetha eich holl waith caled â gwydredd sydd wedi ei osod yn wael neu waith peintio sâl. Eto, cofiwch ymarfer gwahanol orffeniadau ar ddarnau treialu bach cyn eu rhoi ar eich dyluniad terfynol.

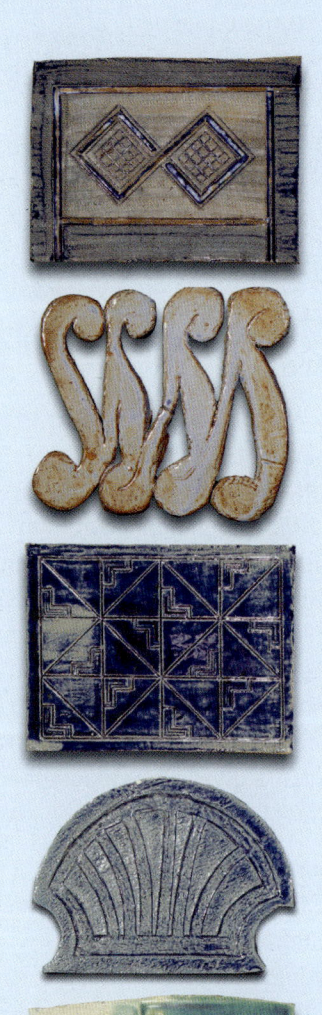

Mae angen i chi feddwl yn ofalus pryd a ble y caiff eich cynnyrch terfynol ei ddefnyddio neu ei arddangos, gan y bydd hynny'n dylanwadu ar eich syniadau dylunio. Mae dau fath sylfaenol o leoliad: dan do ac yn yr awyr agored. Gall lleoliadau dan do amrywio o leoliadau domestig i swyddfeydd neu fannau diwydiannol a gall yr awyr agored gwmpasu tirweddau gwledig a threfol.

Gall mannau cyhoeddus fel canolfannau siopa a chanolfannau cymunedol fod yn fforwm da ar gyfer gosodiadau parhaol neu rai dros dro. Ar y llaw arall, gall parciau a gerddi cyhoeddus gynnig cyfleoedd i archwilio'r berthynas rhwng dyluniad a'r tirwedd. Wrth gwrs, bydd angen i chi gael caniatâd gan y person neu'r pwyllgor perthnasol cyn y gallwch ddechrau ar y gwaith.

Unwaith y byddwch wedi dewis lleoliad, mae'n bwysig ei archwilio'n ofalus. Ystyriwch sut y gallwch ddefnyddio ei nodweddion a'i elfennau gweledol. Cofiwch, pan fydd pobl yn edrych ar eich gwaith bydd y lleoliad yn dylanwadu ar y modd y byddant yn ei weld, felly mae angen iddynt weithio gyda'i gilydd i gynhyrchu effaith sy'n foddhaol yn gyffredinol.

Yn dibynnu ar yr argraff yr ydych yn dymuno ei chreu, gallech gynhyrchu darn sy'n sympathetig i'w amgylchedd neu un sy'n creu gwrthgyferbyniad cryf. Ceisiwch ragweld sut y bydd y cyhoedd yn derbyn eich syniadau. Gallech hyd yn oed wneud arolwg i gasglu sylwadau.

Nid oes rhaid i'ch darn terfynol fod yn statig. Gallech gynhyrchu gwrthrych cinetig sy'n defnyddio gwynt, dŵr neu ffynhonnell ynni arall i greu symudiad. Mae symudyn a yrrir gan wynt, cloc dŵr, ffowntem ac ati i gyd yn ffurfiau poblogaidd ar gelfyddyd gyhoeddus.

Cyn dechrau ar eich gwaith ar y darn terfynol, mae angen i chi ystyried goblygiadau ymarferol eich safle. Er enghraifft, os yw'n safle awyr agored bydd angen i chi ddefnyddio

Gwahanol Leoliadau

defnyddiau sy'n gwrthsefyll y tywydd. Mae hon yn rhan bwysig o'ch gwaith a dylai eich astudiaethau paratoadol ddangos yn glir sut y bu i chi ddynodi a datrys materion yn ymwneud â'r safle.

Meddyliwch a fydd y darn terfynol yn cael ei adeiladu ar y safle neu oddi arno, sut y caiff ei gludo (os caiff ei adeiladu oddi ar y safle) a sut y caiff ei arddangos. Mae'n rhaid iddo gydymffurfio â rheoliadau iechyd a diogelwch er mwyn sicrhau na fydd perygl i'r cyhoedd. Dylai pob gosodiad fod yn sefydlog, yn gadarn a heb ymylon miniog na defnyddiau peryglus. Yn hytrach na chyfaddawdu ar eich creadigrwydd, efallai y gallech ddod o hyd i ffordd o gwmpas y cyfyngiadau hyn e.e. drwy osod y darn allan o gyrraedd neu wedi'i amgylchynu â rhwystr amddiffynnol.

Gall amgylchedd domestig ofyn llawn cymaint. Ceisiwch beidio ag anwybyddu manylion bach. Gwnewch yn siŵr bod gwaelodion yn llyfn fel na fyddant yn crafu dodrefn, bod tebotau yn arllwys heb golli ac nad yw gemwaith yn dal mewn dillad. Gall ychydig o ofal a sylw wneud gwahaniaeth enfawr i'r cynnyrch terfynol ac i'ch gradd.

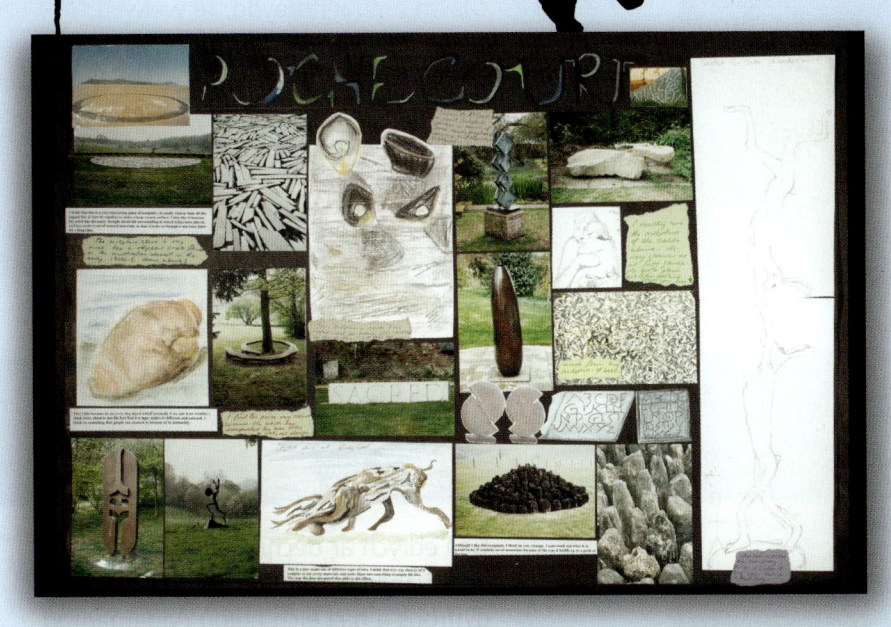

▲ Edrychwch ar enghreifftiau o gelfyddyd gyhoeddus sy'n bodoli eisoes a dadansoddwch pa mor addas ydynt i'w lleoliadau (bwrdd uchaf).
◄ Mae defnyddiau, siâp a phatrwm y fainc hon i gyd yn adlewyrchu ei lleoliad naturiol.

67

Mae dylunio ar gyfer Theatr, Teledu a Ffilm yn golygu dylunio set gyfan neu gyfres o bropiau ar gyfer cynhyrchiad llwyfan neu deledu penodol. Neu gallech gynhyrchu gwaith mewn maes arbenigol fel sain a goleuo neu wisgoedd. Mae dylunio ar gyfer arddangosfeydd yn golygu dylunio stondin i hyrwyddo cynnyrch penodol, sy'n addas i leoliad arddangos mawr.

Mae ystod o ffactorau y bydd yn rhaid eu hystyried yn eich dyluniadau e.e. ystyriaethau iechyd a diogelwch, lleoliad ffyrdd i mewn ac allan, cyflenwadau ynni, goleuadau a chyllideb. Mae ymweliadau safle yn hanfodol i roi darlun llawn i chi o'r hyn yr ydych yn ymdrin ag ef.

Oherwydd maint posibl y darn gorffenedig, mae cyflwyno modelau wrth raddfa a darluniau o'r cynllun terfynol yn dderbyniol ar gyfer asesu. I gyd-fynd â'ch model, bydd disgwyl i chi gynhyrchu nodiadau manwl am y dulliau adeiladu, y technegau a'r defnyddiau y mae eu hangen i adeiladu'r darn terfynol. Bydd angen i chi ddatblygu eich arbenigedd technegol a chynhyrchu darnau sampl i ddangos eich bod yn fedrus yn yr holl sgiliau angenrheidiol. Cofiwch gynnwys casgliadau patrymau a samplau o'r defnyddiau yr ydych wedi eu dewis.

▶ Yn hytrach na dylunio set gyfan gallech ddewis cynhyrchu cyfres o bropiau. Mae masgiau yn bropiau a ddefnyddir yn aml yn y theatr.

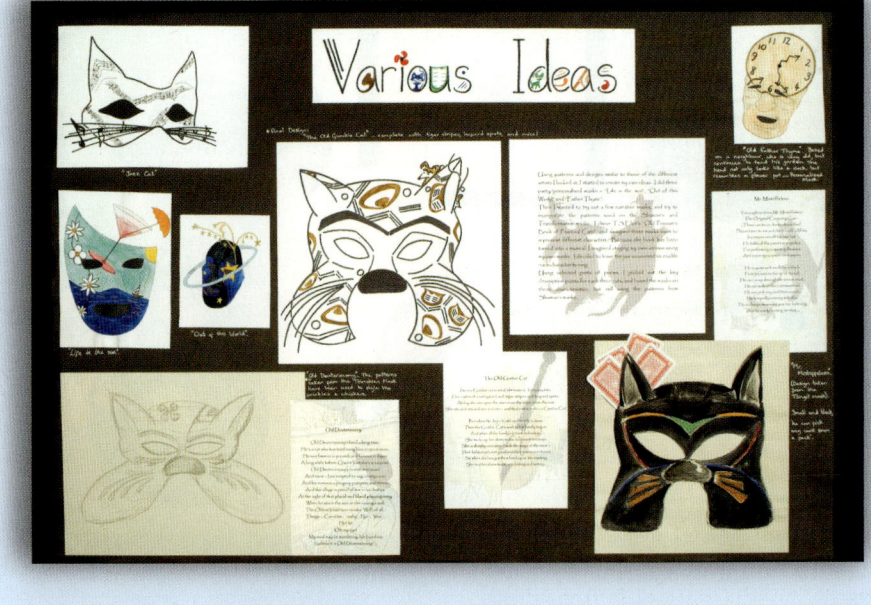

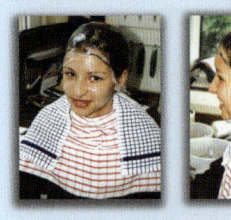

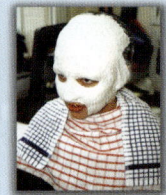

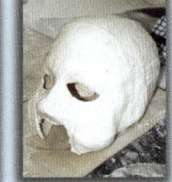

Theatr, Ffilm ac ati

Mae dylunwyr theatrig yn aml yn cyflwyno eu syniadau i gyfarwyddwyr a'r tîm cynhyrchu ar y ffurf hon cyn dechrau gwneud y darn terfynol. Mae'n caniatáu iddynt addasu'n gynnar ac mae'n rhoi syniad i'r criw technegol a'r cast o'r cysyniadau y byddant yn gweithio gyda nhw.

Mae angen i chi gael dealltwriaeth dda o rolau'r gwahanol bobl sy'n ymwneud â'r math hwn o ddylunio mewn amgylchedd masnachol (e.e. cynhyrchydd, dylunydd setiau, technegydd goleuadau, meistres y gwisgoedd ac ati) a gwybodaeth o sut y maent yn gweithio gyda'i gilydd i gynhyrchu'r darn terfynol.

I'ch helpu yn eich gwaith, gwnewch yn siŵr eich bod yn edrych ar waith a gynhyrchwyd gan ddylunwyr eraill a'r effaith a gafodd eu gwaith ar y cynhyrchiad terfynol. Gall y dewis rhwng dull traddodiadol a chyfoes wneud gwahaniaeth enfawr yn y ffordd y caiff drama/ffilm ei derbyn gan wahanol grwpiau oedran a chynulleidfaoedd. Mae hefyd yn werth edrych ar sut y cafodd drama/ffilm ei hysbysebu. Mae posteri a rhaghysbysebion yn aml yn adlewyrchu thema allweddol ac yn cysylltu â 'theimlad' cyffredinol y cynhyrchiad.

Os dewiswch y maes astudio hwn, bydd angen i chi archwilio'r ystod o ddefnyddiau a thechnegau sy'n berthnasol i wneud gemwaith, yn cynnwys y rheiny a ddefnyddir ar gyfer ffurfio ac addurno gwrthrychau a wnaethpwyd o fetelau a phlastigion.

Defnyddiwch lyfr nodiadau technegol i gofnodi gwybodaeth ddefnyddiol am wahanol weithdrefnau. Ar ddiwedd y cwrs, dylai eich llyfr nodiadau adlewyrchu eich dealltwriaeth o dechnegau torri, siapio, plygu, sodro, gludo a dulliau cau. Mae angen i chi hefyd edrych ar rai technegau sy'n benodol i wneud gemwaith megis castio, gwifrwaith ac enamlo.

Ceisiwch gynhyrchu samplau neu ddarnau prawf o bob techneg yr ydych yn edrych arni. Yn aml, mae'r defnyddiau y mae gemyddion yn eu defnyddio yn ddrud, felly mae'n bwysig ymarfer y sgiliau angenrheidiol ymlaen llaw. Gallwch hefyd gyfeirio'n ôl at y darnau prawf hyn pan fydd angen i chi ddewis pa ddulliau i'w defnyddio ar gyfer eich darn(au) terfynol.

Mae dylunwyr gemwaith yn aml yn gorfod defnyddio offer eithriadol o finiog yn ogystal â ffynonellau gwres, fel haearnau sodro. Mae'n rhaid i chi fod yn ymwybodol o'r goblygiadau iechyd a diogelwch a gallu defnyddio offer o'r fath yn ddiogel. Am ragor o wybodaeth am arferion gweithio diogel trowch i dudalennau 94-95.

Mae gan ddylunwyr gemwaith cyfoes ystod enfawr o ddylanwadau i'w hysbrydoli. Mae gwahanol ddiwylliannau wedi bod yn cynhyrchu gwahanol ddyluniadau at wahanol ddibenion am filoedd o flynyddoedd. Mae'r defnydd o emwaith fel addurn, fel symbol o statws neu at ddibenion seremonïol i gyd yn fannau cychwyn da ar gyfer project. Gallai ymchwilio i'r gwahanol arddulliau a thechnegau a ddefnyddir gan wahanol ddiwylliannau neu yn ystod gwahanol gyfnodau mewn hanes hefyd eich helpu i ddod o hyd i syniadau da ar gyfer eich gwaith eich hun.

Mae astudiaeth uniongyrchol yn amhrisiadwy. Ceisiwch drefnu i ymweld â stiwdio dylunydd gemwaith lleol. Bydd ei wylio'n gweithio a sgwrsio am y dyluniadau'n help i roi syniad da i chi o rai o'r problemau y gallech ddod ar eu traws yn eich gwaith eich hun.

Byddwch yn ofalus i gynhyrchu darnau terfynol sy'n waith i chi eich hun yn unig. Gallwch addasu technegau a ddefnyddiwyd gan ddylunwyr eraill at eich dibenion eich hun, ond eich nod yw cynhyrchu dyluniadau gwreiddiol.

▶ Mae pethau y deuir ar eu traws, fel clasbiau clustdlysau a phinnau tlysau, ar gael yn hawdd *(delweddau drwy garedigrwydd Quarto Publishing)*.

▼ Gellir prynu metelau ar ffurf llen neu fel gwifren, rhodenni neu diwbiau.

▲ Gellir cynnwys cerrig, gleiniau ac addurniadau eraill yn eich dyluniadau.

Gemwaith

71

Dylunio Mewnol, Cynnyrch ac ati

Bydd gwaith mewn Dylunio Mewnol, Cynnyrch a/neu Amgylcheddol yn dechrau bron yn sicr â briff. Mae dylunio mewnol yn cynnwys yr amgylchedd domestig a gwaith, felly gallai eich darn terfynol fod yn ddyluniad ar gyfer y cartref neu rywle fel swyddfa, siop neu ysbyty. Mae dylunio amgylcheddol yn cynnwys garddio tirwedd a dylunio gofodol. Mae dylunio cynnyrch yn cwmpasu ystod enfawr o bosibiliadau; mae'n bosibl y byddai'n rhaid i chi ailddylunio cynnyrch sy'n bodoli eisoes neu greu rhywbeth hollol newydd i gyflawni swyddogaeth benodol.

Gall projectau yn y maes astudio hwn fod ar raddfa weddol fawr. Mewn dylunio masnachol, mae projectau o'r fath yn cynnwys tîm cyfan o bobl e.e. y cleient, rheolwr y project, dylunydd, is-gontractwyr a thechnegwyr a chrefftwyr medrus. Fel dylunydd, mae'n bwysig eich bod yn deall beth fyddai eich rôl chi mewn tîm o'r fath.

Fel myfyriwr, nid yw'n ymarferol i chi dirlunio parc neu adnewyddu tŷ, felly gallwch gyflwyno lluniadau wrth raddfa neu fodelau i'w hasesu yn lle darn terfynol lle mae hynny'n briodol. Er hynny, mae'n bwysig eich bod yn dynodi ac yn archwilio'r sgiliau technegol y byddai eu hangen i wireddu eich syniadau dylunio. Bydd angen i chi hefyd nodi'r defnyddiau sydd i'w defnyddio (cynhwyswch samplau a chasgliadau patrymau lle bynnag y mae hynny'n bosibl) e.e. clai, pren, metel, plastig, gwydr, carreg a thecstilau.

Bydd cynhyrchu darnau prawf yn eich helpu i gymharu technegau a gorffeniadau a dethol y rhai sy'n addas ar gyfer y darn terfynol. Cynhwyswch nhw yn eich portffolio i ddangos eich amlochredd fel dylunydd a dangos i'r arholwr eich bod wedi meistroli'r sgiliau angenrheidiol.

I ennill dealltwriaeth dda o'r broses ddylunio, astudiwch sut mae dylunwyr eraill yn eich maes wedi datrys problemau penodol. Edrychwch sut y datblygodd eu gwaith o'r briff dylunio i'r ateb terfynol a cheisiwch ddadansoddi'r gwahanol gamau. Gallwch wedyn ddefnyddio'r camau hynny yn eich gwaith eich hun. Edrychwch ar y briff dylunio a roddwyd iddynt, ac os yw hynny'n bosibl, edrychwch yn uniongyrchol ar y dyluniadau a ddeilliodd o hynny. A ydych chi'n credu eu bod wedi canfod ateb da? Beth sy'n gweithio'n dda a ble y gellir gwella? Os gallwch chi werthuso gwaith dylunwyr eraill yn y ffordd hon, gallwch ddysgu o'u llwyddiannau a'u methiannau a gwella eich gwaith eich hun.

▼ Syniadau gwreiddiol a gynhyrchwyd mewn ymateb i friff i ddylunio teiliau wal.

▲ Mae'r sgrin hon yn addurniadol ac mae iddi bwrpas.

Ffotograffiaeth Cyfrwng Lens a Golau

Cyflwyniad i Ffotograffiaeth Cyfrwng Lens a Golau

Ar y cwrs hwn, mae'n bwysig eich bod yn symud y tu hwnt i gymhwyso ffotograffiaeth yn sylfaenol – dim ond cofnodi delweddau – ac archwilio potensial creadigol y ddisgyblaeth yn iawn, gan gyfuno sgiliau technegol da â gallu artistig i drosglwyddo eich syniadau a'ch arsylwadau.

Dechreuwch â dealltwriaeth dda o ffotograffiaeth arian halid traddodiadol gan fod y rhan fwyaf o dechnegau digidol modern wedi eu seilio ar yr un egwyddorion. Gallwch wedyn fynd ymlaen i archwilio'r dechnoleg fodern sydd ar gael. Mae rhai byrddau arholi yn caniatáu i chi ddefnyddio fideo a ffilm yn yr ardystiad hwn. Gofynnwch i'ch athro/tiwtor er hynny cyn dechrau ar unrhyw waith.

Gweithiwch tuag at ddatblygu arbenigedd mewn un maes penodol. Gallai'r cyfleusterau sydd ar gael yn eich ysgol neu goleg a sgiliau arbenigol eich athro neu diwtor effeithio ar eich dewis yn y fan yma.

Fel cefndir i'ch gwaith bydd angen i chi astudio hanes ffotograffiaeth. Dylech ymchwilio i'r berthynas rhwng celfyddyd a ffotograffiaeth a sut y maent wedi newid a datblygu ochr yn ochr dros y blynyddoedd.

Edrychwch ar esiamplau o ffotograffiaeth o'r gorffennol a'r presennol fel ei gilydd. Ceisiwch ddarganfod y cefndir y tu ôl i'r delweddau fel y gallwch eu harchwilio yn eu cyd-destun. Pa negeseuon y maent yn eu cyfleu? Sut mae'r ffotograffydd yn trosglwyddo'r syniad hwnnw? Beth mae'r ddelwedd yn ei ddweud am y gymdeithas ar yr adeg y cynhyrchwyd hi? Gallwch ddysgu llawer am ddefnyddio'r gwahanol elfennau gweledol a chyfansoddi lluniau (gweler tud. 22-32) o edrych ar waith artistiaid eraill yn y ffordd hon.

Os ydych yn astudio Ffotograffiaeth Cyfrwng Lens a Golau, mae angen i chi ddarllen yn ofalus y wybodaeth yn yr adran hon AC yn yr adran 'Sgiliau a Dysgu Hanfodol' ar ddechrau'r llyfr (tud. 12-32) i sicrhau eich bod yn cwmpasu holl ofynion y cwrs TGAU Celf a Dylunio.

Mae'n rhaid i chi gynhyrchu gwaith mewn un o'r meysydd astudio a ganlyn: Portreadau, Newyddiaduraeth Ddogfennol a/neu Ffotograffyddol, Ffotograffiaeth Amgylcheddol, Ffotograffiaeth Arbrofol a Gweithio o Wrthrychau, Bywyd Llonydd a/neu o'r Byd Naturiol. Cewch ragor o wybodaeth am y meysydd astudio unigol hyn ar dudalennau 77-80.

▶ Mae cyfansoddiad 'da' yn rhoi teimlad boddhaol neu ddymunol. Mae hyn yn beth personol iawn.

Cyfansoddiad

Mae cyfansoddiad yn cyfeirio at y ffordd y caiff gwahanol elfennau eu trefnu mewn perthynas â'i gilydd o fewn delwedd. Ystyrir yn gyffredinol mai cyfansoddiad 'da' yw un lle mae'r holl elfennau wedi eu gosod mewn ffordd gydnaws, i roi effaith ddymunol.

Y gwahaniaeth rhwng artist a ffotograffydd yw y gall artist ddewis pa elfennau i'w dangos a pha rai i beidio â'u dangos, tra bydd camera'n cofnodi popeth y mae'r lens yn ei weld. Er hynny, gall y ffotograffydd reoli pa elfennau sy'n dod yn brif ffocws delwedd drwy gyfansoddiad clyfar, gan arwain y llygad at bwynt penodol yn y llun.

Mae angen i chi ddeall sut mae camera'n gweithio i allu rheoli'r canlyniad yn llawn. Gellir addasu cyflymderau'r caead a gosodiadau'r agorfa i newid dyfnder y ffocws, dinoethiad i olau a'r ffordd y cofnodir symudiad i sicrhau gwahanol effeithiau, e.e. mae agorfa fawr yn rhoi dyfnder ffocws byr, felly bydd delweddau agos mewn ffocws clir, tra bod delweddau yn y cefndir yn aneglur ac allan o ffocws.

Gellir defnyddio gwahanol lensys i estyn amrediad y camera; i gofnodi delweddau clir o wrthrychau yn agos iawn neu o bellter. Mae lensys ongl lydan yn caniatáu i chi dynnu lluniau o ardal lorweddol ehangach.

Mae dealltwriaeth o sut y gall gwahanol safbwyntiau newid delweddau hefyd yn bwysig i gyfansoddiad. Gallai newid y safbwynt ganiatáu i chi dorri deunydd nad ydych mo'i eisiau o'r llun, ond gall hefyd effeithio ar ymddangosiad y gwrthrych y mae gennych ddiddordeb ynddo. Arbrofwch drwy dynnu lluniau o ffrind o safbwynt uchel, ar lefel y llygad a safbwynt isel a chymharu'r delweddau.

Mae'n bosibl gwneud rhai addasiadau i'r cyfansoddiad ar ôl tynnu'r llun drwy ddefnyddio gwahanol feintiau helaethu a thechnegau tocio.

Waeth beth fo'r cyfansoddiad a ddewiswch ar gyfer eich darn terfynol, mae bob amser yn werth cynnwys rhai posibiliadau eraill yn eich gwaith cefnogi ar y cyd â'ch dalenni cyffwrdd, i ddangos i'r arholwr eich bod wedi ystyried llawer o wahanol ddulliau. Defnyddiwch anodiadau i egluro eich penderfyniadau.

▲ Gall gwahanol safbwyntiau gael effaith ddramatig ar y canlyniad.

Er mwyn dewis yr offer gorau ar gyfer gwaith, mae angen i chi fod â gwybodaeth dda o'r holl ddewisiadau sydd ar gael i chi. Dechreuwch gyda'r pethau sylfaenol ac ymgyfarwyddwch â gwahanol fathau o gamera e.e. camerâu bach ac APS, camerâu SLR (camera *single lens reflex*), camerâu fformat canolig a mawr, lleolwyr pellter a chamerâu digidol.

Mae angen i chi ddeall manteision ac anfanteision pob math o gamera fel y gallwch ddewis yr un gorau ar gyfer y math o ffotograffiaeth y byddwch yn ei wneud.

Archwiliwch y gwahanol ategolion sydd ar gael. Gall trybeddau a dyfeisiau rhyddhau ceblau i reoli caead o bell helpu i osgoi bod y camera'n ysgwyd pan ddefnyddir cyflymder caead araf. Gellir defnyddio gwahanol lensys, hidlyddion ac atodiadau fflach i gyd ar y cyd â'r camera i gynhyrchu gwahanol effeithiau. Mae angen i chi ddynodi'n union beth yr ydych eisiau ei gyflawni ac yna ystyried pa ategolion all eich helpu i wneud hynny.

Unwaith y bydd gennych ffotograff, gellir trin y ddelwedd drwy ddefnyddio gwahanol offer yn yr ystafell dywyll wrth argraffu e.e. gellir ychwanegu gwahanol hidlyddion i addasu'r gwrthgyferbyniad, gellir defnyddio llosgi-i-mewn i wella manylion a gellir defnyddio cemegion ar brintiau sepia du a gwyn.

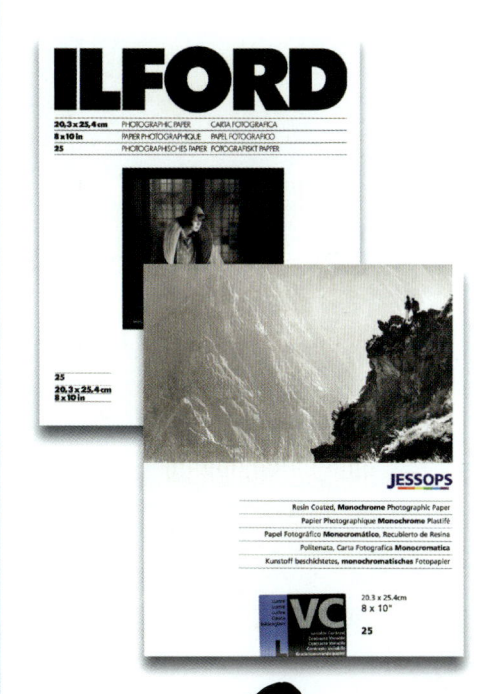

Defnyddio Offer

▼ Detholiad o offer: trybedd, camera SLR, lensys, hidlyddion a golau.

Arbrofwch â gwahanol offer a chadwch yr holl ddelweddau sy'n deillio o hynny. Gallwch gyfeirio atynt i'ch helpu i wneud penderfyniadau am ba offer a thechnegau i'w defnyddio ar gyfer projectau yn y dyfodol.

Bydd gwybodaeth dda o dechnegau traddodiadol ffotograffiaeth yn fantais pan fyddwch yn symud i edrych ar offer digidol a thechnoleg delweddu modern arall. O'u defnyddio â modd llaw, mae'r gosodiadau ar y rhan fwyaf o gamerâu digidol yr un fath â chamerâu ffilm. Yn yr un modd, mae Adobe Photoshop a meddalwedd trin delweddau tebyg yn cynnwys offer ar gyfer llosgi-i-mewn, tocio ac ati sy'n efelychu technegau traddodiadol yn electronig.

Os byddwch yn defnyddio camera digidol i gynhyrchu gwaith, gwnewch yn siŵr eich bod yn cadw eich holl ddelweddau ar gyfer eu defnyddio eto. Dylech hefyd gadw archif neu gopi wrth gefn o'ch holl ddelweddau. Gallwch gyflwyno CDs neu DVDs i'w hasesu, ond gwnewch yn siŵr bod y delweddau arnynt wedi eu trefnu mewn ffordd sy'n hawdd i'r arholwr ei ddeall. Gyda darnau allweddol o waith mae'n well gwneud print gan ddefnyddio argraffydd addas a phapur o safon uchel.

Technegau

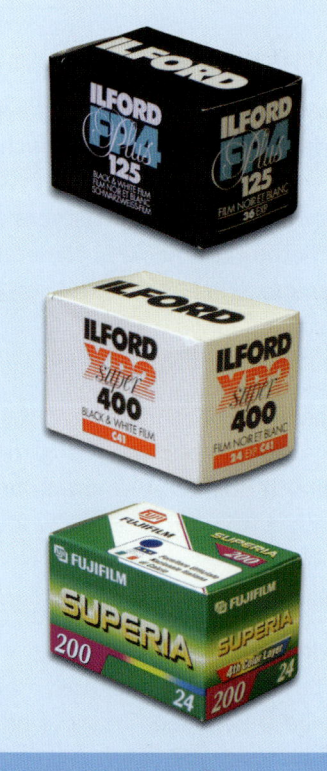

▲ Mae sbotio'n dechneg a ddefnyddir i lanhau ffotograffau, drwy gael gwared â chrafiadau a sbotiau o lwch.

▲ Mae ystod o wahanol fathau a chyflymderau ffilm ar gael.
▼ Gwnewch yn siŵr eich bod yn gwybod sut i ddefnyddio meddalwedd ac offer yn gywir.

Mae bod yn gyfarwydd â gwahanol dechnegau ffotograffig yr un mor bwysig â bod yn gyfarwydd ag ystod eang o offer. Mae angen i chi ddeall y prosesau dan sylw a'r canlyniadau y gellir eu sicrhau o ddefnyddio technegau arian halid a digidol.

Dylech ymarfer cynifer o wahanol dechnegau â phosibl a rhowch y darnau prawf sy'n deillio o hynny yn eich portffolio i ddangos i'r arholwr pa mor drylwyr yr ydych wedi bod yn eich gwaith. Cadwch nodyn o beth yn union wnaethoch chi i gael pob effaith fel y gellir eu hail-wneud neu eu gwella yn y dyfodol.

Drwy arbrofi gallwch ddarganfod effeithiau gwahanol gyflymderau ffilm (e.e. 200, 400 ac 800 ASA), gwahanol fathau o ffilm (e.e. du a gwyn, lliw a thryloywder), gwahanol ffynonellau golau (e.e. golau naturiol, bylbiau halogen, goleuadau sbot a llifoleuadau) a gwahanol fathau o oleuadau fflach (e.e. fflach mewnol, unedau fflach a fflach cyflenwi). Eto, gwnewch yn siŵr eich bod yn cadw'r holl ddelweddau sy'n deillio o hynny. Byddant yn ffynhonnell gyfeiriol amhrisiadwy pan fyddwch yn penderfynu pa dechnegau i'w defnyddio ar gyfer eich darn terfynol a phrojectau yn y dyfodol.

Mae'n hanfodol eich bod yn datblygu sgiliau mewn gwahanol dechnegau yn yr ystafell dywyll. Dylech allu defnyddio ystod o gemegion yn ddiogel, gan gadw at yr angen i gael ardaloedd sych a gwlyb mewn ystafell dywyll. Dylech hefyd wybod pa ddulliau i'w defnyddio i newid gwrthgyferbyniad a chyfansoddiad delwedd wrth argraffu a sut i ddefnyddio llosgi-i-mewn ac osgoi i reoli lefel y manylder.

Drwy ymchwilio dylech allu darganfod 'triciau' eraill y gellir eu defnyddio i drin neu aflunio delweddau a chyflawni gwahanol effeithiau e.e. tonyddu, arlliwio, a heulo.

Gall technoleg ddigidol a meddalwedd trin delweddau fod yn ddefnyddiol iawn i drin delweddau. Maent yn cyflymu'r broses arbrofi yn ddramatig, gan ganiatáu i chi ddefnyddio gwahanol dechnegau ar yr un ddelwedd a chadw'r canlyniadau dan wahanol enwau ffeil er mwyn arbed y gwreiddiol.

Mae sganwyr yn caniatáu i chi gyfuno technegau traddodiadol a modern. Gellir trosi delwedd a gynhyrchwyd gan ddefnyddio ffilm yn ffeil electronig drwy ddefnyddio sganiwr. Wedyn gellir ei thrin drwy ddefnyddio meddalwedd trin delweddau.

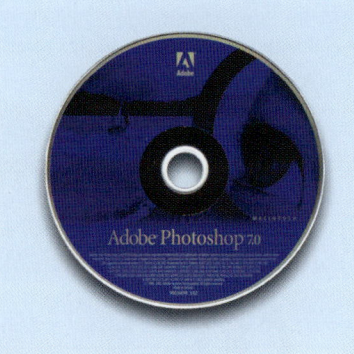

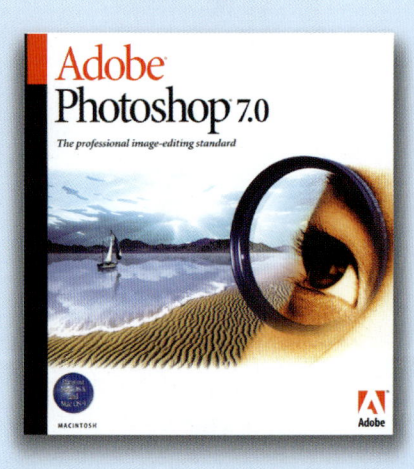

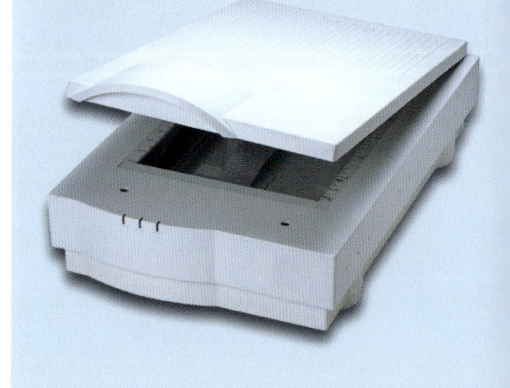

Portreadau

Ffotograff o berson sy'n gwybod bod ei lun yn cael ei dynnu yw portread. Bydd model sy'n barod i gydweithredu yn caniatáu i chi arbrofi â gwahanol ystumiau, mynegiant wynebol, goleuadau a hyd yn oed wisg.

Mae'n bwysig eich bod yn gallu gwahaniaethu rhwng 'snaps' teuluol a phortread ffotograffig. Mae portread da yn gofyn am rywfaint o gynllunio, sy'n aml yn rhoi ansawdd ffurfiol iddo nad yw'n amlwg mewn ffotograffau 'pwyntio a saethu' digymell.

Lluniau dogfen

Mae ffotograffiaeth ddogfennol yn canolbwyntio ar y syniad y gall llun ddweud stori. Er enghraifft, efallai y byddwch yn ceisio dal 'hanfod' digwyddiad mewn un ddelwedd neu ddefnyddio cyfres o ddelweddau i gofnodi newid a datblygiad dros gyfnod o amser. Yn y ddau achos, eich gallu i gyfleu ystyr drwy ddelwedd sy'n penderfynu a fydd eich gwaith yn llwyddiannus ai peidio.

Ffotonewyddiaduraeth

Mae gorgyffwrdd amlwg rhwng ffotograffiaeth ddogfennol a ffotonewyddiaduraeth, sy'n golygu cynhyrchu delweddau at ddefnydd penodol yn y cyfryngau. Mae rhai ffotonewyddiadurwyr yn anelu at ddal stori mewn delwedd. Er hynny, mae eraill yn cynhyrchu delweddau i ddarlunio pwynt allweddol mewn adroddiad newyddion neu erthygl.

Mae'n bwysig deall cyfyngiadau'r mathau hyn o ffotograffiaeth. Mae cynllunio yn hanfodol – mae'n rhaid gwybod eich amcanion yn glir wrth fynd allan a mynd â'r holl offer angenrheidiol gyda chi. Er hynny, yn amlach na pheidio cynhyrchir y lluniau gorau o ganlyniad i fod yn y lle iawn ar yr amser iawn.

Portreadau, Lluniau Dogfen ac ati

Mae angen rhoi ystyriaeth fanwl i'r cefndir a'r blaendir ac mae'r goleuo'n arbennig o bwysig. Gellir defnyddio cysgod a golau i sicrhau effeithiau dymunol e.e. tynnu sylw at neu feddalu nodweddion wynebau a newid 'naws' ffotograff.

Arbrofwch â gwahanol safbwyntiau a safleoedd. Mae lluniau sy'n wynebu'n syth, lluniau proffil a silwetau i gyd yn rhoi canlyniadau gwahanol iawn. Gallwch hefyd dynnu portreadau mewn gwahanol amgylcheddau. Gallai ffotograff o'r testun yn ei le gwaith ddangos elfen wahanol o'i gymeriad o'i gymharu ag un a dynnwyd gartref neu mewn lleoliad domestig.

Fel dewis arall i fodel unigol, gallech arbenigo mewn gweithiau grŵp. Gall y rhain fod yn heriol iawn gan fod angen llawer o gynllunio i gael canlyniad llwyddiannus (h.y. delwedd lle mae'r testunau i gyd yn ymddwyn fel yr hoffech). Bydd angen i chi hefyd drefnu'r grŵp mewn ffordd sy'n creu cydbwysedd a chytgord.

▶ Dylanwadodd gwaith Andy Warhol ar y gyfres hon o bortreadau sy'n archwilio mynegiant wynebol.

Mae'r term 'amgylchedd' yn cwmpasu amgylcheddau dan do ac yn yr awyr agored, e.e. y cartref, lle gwaith ac amgylchedd naturiol. Gallech ddewis tynnu lluniau o dirweddau, adeiladau a phensaernïaeth neu ganolbwyntio ar y manylion llai yn y byd o'ch cwmpas. Gyda'r fath faes eang, gallai hyn edrych fel dewis hawdd, ond mae'n dal i ofyn am gynllunio gofalus ac amynedd i gynhyrchu delweddau cyffrous a gwreiddiol.

Un o'r camau cyntaf yw dewis eich testun a dynodi lleoliadau addas. Bydd yr hyn yr ydych eisiau ei gyflawni yn eich darn terfynol a pha neges yr ydych eisiau ei chyfleu yn dylanwadu ar hyn. Hyd yn oes os nad yr amgylchedd yw ffocws penodol delwedd, gall chwarae rhan bwysig mewn trosglwyddo naws ac ystyr. Er enghraifft, gall amgylchedd naturiol (e.e. tirlun) greu effaith ddramatig wahanol i leoliad trefol (e.e. golygfa mewn stryd dinas).

Unwaith y byddwch wedi setlo ar leoliad, dylech geisio ymweld â'r lle sawl gwaith ac ar wahanol amserau o'r dydd. Mae'n debyg y byddwch yn

▲ *Montage* o ddelweddau amgylcheddol yn archwilio gwead.

▲ Dau ffotograff yn canolbwyntio ar olau a chysgod.

Amgylcheddol

gweld bod teimlad cyffredinol y lle'n wahanol iawn yn gynnar yn y bore i'r hyn yw yn hwyr gyda'r nos pan fydd ansawdd y golau a nifer y bobl sydd o gwmpas yn newid.

Gall golau fod yn ffactor allweddol mwn creu awyrgylch yn y math hwn o ffotograffiaeth. Ceisiwch ddefnyddio'r ffynonellau golau sydd ar gael yn eich lleoliad i gael yr effaith orau e.e. goleuadau lliwgar sy'n symud ar reid ffair, goleuadau neon ar stryd dinas neu'r haul yn codi dros ddŵr. Mae'n bosibl y byddwch yn ystyried defnyddio golau fflach, ond byddwch yn ymwybodol o orlifo'r testun â gormod o olau neu achosi cynnwrf, yn enwedig dan do neu mewn lle cyfyng. Mae rhai

amgylcheddau'n arbennig o sensitif i ymyriadau gan ffotograffwyr. Os ydych eisiau defnyddio lleoliad o'r fath cofiwch ofyn am ganiatâd gan y bobl berthnasol ymlaen llaw.

Ymhlith y ffactorau eraill i'w hystyried mae gwydr, dŵr, drychau a gorffeniadau metelig, a all adlewyrchu golau ac achosi llacharedd neu adlewyrchu eich delwedd chi eich hun, gan ddinistrio'r ffotograff.

Gwnewch yn siŵr eich bod yn cymryd lluniau arbrofol o'ch lleoliad yn ystod ymweliadau rhagarweiniol a thynnu lluniau o wahanol safbwyntiau. Cadwch gofnod o'r amser o'r dydd y cymerwyd pob delwedd, gosodiadau'r mesurydd goleuni ac

unrhyw wybodaeth berthnasol arall e.e. y tywydd. Bydd y rhain yn gyfeirnod amhrisiadwy pan ddaw hi'n fater o gynllunio saethu ar gyfer eich darn terfynol.

Oherwydd y tueddir i wneud y math hwn o ffotograffiaeth allan yn y maes, mae'n well cadw eich offer mor syml â phosibl. Nid ydych eisiau gorfod cludo llawer o offer i'r safle a threulio amser gwerthfawr yn gosod trefniadau cymhleth. Mae'r delweddau gorau a gynhyrchir yn y maes hyn yn weddol syml, ond yn dangos dealltwriaeth dda o'r pwnc. Mae angen i chi fod yn sympathetig i'r amgylchedd a chynhyrchu delweddau sydd wedi'u cyfansoddi'n ofalus gan roi ystyriaeth arbennig i ofod a man tynnu'r lluniau.

Ar y cwrs hwn fe'ch anogir i symud oddi wrth gynhyrchu delweddau ffotograffig traddodiadol ac arbrofi â gwahanol offer a thechnegau i gynhyrchu canlyniadau gwreiddiol. Mae'r ystod o offer digidol, technoleg gyfrifiadurol a meddalwedd fodern sydd ar gael heddiw, o'u defnyddio ar y cyd â dulliau ffilm traddodiadol, yn cynnig posibiliadau di-ben-draw ac yn gwneud hwn yn faes cyffrous a chreadigol.

Mae tair prif ardal i'w harchwilio mewn ffotograffiaeth arbrofol:

- y cyfarpar a ddefnyddir i gipio'r ddelwedd
- y ffordd y caiff y ddelwedd ei chofnodi
- y ffordd y caiff y ddelwedd ei hargraffu a'i phrosesu.

Ym mhob un o'r ardaloedd hyn mae'n bosibl darganfod ffyrdd gwahanol o weithio yn lle'r dulliau confensiynol. Yn lle camera SLR a lens safonol gallech benderfynu arbrofi â fformat canolig, dan ddŵr neu gamerâu panoramig a lensys ongl lydan neu lygad pysgodyn. Gallech hyd yn oed wneud eich camera twll pin eich hun (camera obscura) neu gofnodi delweddau yn uniongyrchol ar bapur ffotograffig (ffotogramau).

Waeth pa offer y penderfynwch ei ddefnyddio, ymgyfarwyddo ag ef ddylai eich cam cyntaf fod. Drwy ymchwil, gallwch ddod o hyd i enghreifftiau o waith a gynhyrchwyd gan ffotograffwyr eraill drwy ddefnyddio adnoddau tebyg. Bydd hyn yn rhoi syniad da i chi o'r hyn y gellir ei gyflawni a bydd yn rhoi man cychwyn da i chi adeiladu arno. Tynnwch ddigonedd o luniau prawf fel y gallwch ddod yn gyfarwydd â thrin a gweithio'r offer.

Y cam nesaf yw arbrofi â gwahanol osodiadau ac amodau. Mae'n syniad da cymryd llawer o luniau o'r un testun, gan amrywio'r safbwynt, y gosodiadau amlygu, goleuni, dyfnder y maes ffocws ac ati. Cadwch nodyn o sut y cynhyrchwyd pob delwedd fel y gallwch eu cymharu a chyfeirio'n ôl atynt yn ddiweddarach.

Mae'r ystafell dywyll yn rhoi digon o gyfle i arbrofi ymhellach. Gallech gymryd delwedd unigol a chynhyrchu amrywiaeth o ganlyniadau drwy ddefnyddio gwahanol dechnegau. Gellir defnyddio ansawdd arwyneb y papur ac addasiadau i'r cyferbyniad, tonyddu, arlliwio, afluniadau bwrdd sylfaen, heulo ac ati, i gyd i gynhyrchu gwahanol effeithiau.

Gellir defnyddio meddalwedd ddigidol ar y cyd â delweddau wedi'u sganio neu rai a gofnodwyd â chamera digidol. Gellir ei defnyddio i gywiro amherffeithiadau a thrin delweddau mewn llawer o wahanol ffyrdd. Mae'n cynnwys offer i finiogi, cymylu, dyblygu, cyfuno ac aflunio delweddau. Gallwch hefyd newid gosodiadau lliw, cyferbyniad, tôn, gogwydd a disgleirdeb i gynhyrchu llu o wahanol ganlyniadau. Dylech weithio tuag at gynhyrchu cyfres o ddelweddau a gysylltir gan thema gyffredin. Gallai hon fod yn thema wreiddiol neu un y dylanwadwyd arni gan arddull neu ymarferwr penodol e.e. Andy Warhol neu Man Ray.

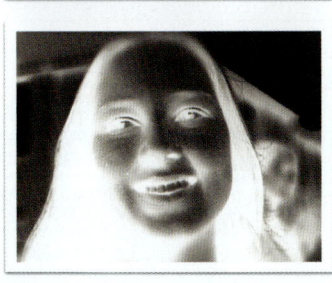

Arbrofol

▲ Mae ffotogramau a phrintiau cyffwrdd yn cynhyrchu canlyniadau diddorol.

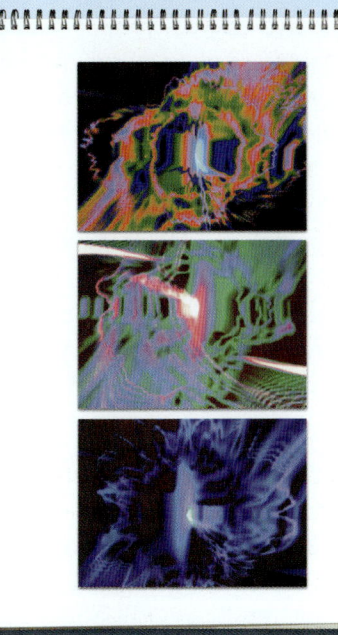

▲ Mae'r lluniau arbrofol hyn wedi'u seilio ar thema ffuglen wyddonol.

Os ydych chi'n gweithio gyda Gwrthrychau, Bywyd Llonydd a/neu y Byd Naturiol mae'n aml yn well cadw'r technegau yr ydych yn eu defnyddio'n gymharol syml a chanolbwyntio ar gynildeb, gan ddefnyddio golau a chyfansoddiad i archwilio siâp, ansawdd arwyneb a thôn y testun.

Er y byddwch yn canolbwyntio ar y gwrthrychau, mae'n bwysig nad ydych yn anwybyddu ffactorau eraill fel y cefndir a chyflwyniad. Gellid tynnu llun o wrthrych unigol ar ei ben ei hun, wedi'i osod ar fownt neu ar blinth, ac mae angen trefnu cyfansoddiadau bywyd llonydd gan feddwl am ofod, siâp a ffurf.

Mae'n werth edrych ar esiamplau o fywyd llonydd sy'n bodoli eisoes mewn celfyddyd gain yn ogystal ag mewn ffotograffiaeth. Mae'n ddiddorol sylwi sut mae artistiaid yn mynd i'r afael â'r testun; sut maent yn cyfansoddi eu paentiadau/lluniau ac yn defnyddio'r rhagolwg o sut y bydd delwedd yn edrych. Dylech yn bendant dynnu digonedd o luniau prawf i sefydlu'r man yr ydych eisiau ei ddefnyddio yn gyffredinol. Ar ddiwrnod y saethu terfynol gallwch gymryd cyfres o ffotograffau gan amrywio'r safbwynt hon ychydig er mwyn sicrhau eich bod yn cael y ddelwedd yr ydych ei heisiau. Bydd trybedd dda yn help i chi wneud hynny.

Nid yw bob amser yn bosibl tynnu lluniau prawf yn y maes. Os felly, gwnewch yn siŵr bod gennych ddigon o ffilm fel y gallwch dynnu lluniau'r un gwrthrych gan ddefnyddio amrywiaeth o osodiadau amlygu a safbwyntiau.

Mae defnyddio lliw yn elfen bwysig yn y maes astudio hwn. Mae ffotograffiaeth ddu a gwyn yn caniatáu i chi ganolbwyntio ar wead a thôn. Fodd bynnag, yn y byd naturiol yn enwedig, gellir defnyddio lliw i greu effeithiau trawiadol.

Mae'r 'byd naturiol' hefyd yn cynnwys tynnu lluniau o fywyd gwyllt. Gall anifeiliaid fod yn destunau sy'n achosi rhwystredigaeth ac yn rhoi boddhad. Mae'r ffotograffau gorau'n aml yn ganlyniad bod yn y lle iawn ar yr adeg iawn. Er hynny, gall cynllunio gofalus helpu. Waeth a ydych chi'n tynnu llun anifail anwes mewn stiwdio, adar yn eu cynefin gwyllt neu anifeiliaid mewn sw, gwnewch yn siŵr bod gennych ddigon o ffilm a'r holl offer iawn gyda chi. Mae eich dewis o lens yn arbennig bwysig. Mae angen i chi feddwl hefyd sut y byddwch yn ymdopi â symudiad. Gallech ddewis ffilm a chyflymder caead cyflym i helpu i rewi'r symudiad neu gyflymder caead arafach i greu effaith gymylog a rhoi teimlad o symud.

▼ Fel testun, mae blodau'n dod â bywyd llonydd a'r byd naturiol at ei gilydd.

Gwrthrychau, Bywyd Llonydd ac ati

elfennau gweledol. Gallech hyd yn oed roi cynnig ar ail-greu rhai effeithiau celfyddyd gan ddefnyddio dulliau ffotograffig.

Gallwch hefyd ddewis tynnu lluniau o wrthrychau naturiol yn eu cynefin e.e. blodau gwyllt. Yn y math hwn o ffotograffiaeth mae'n amlwg y bydd gennych lai o reolaeth dros sut mae'r gwrthrychau wedi'u trefnu a ffynonellau golau. Bydd yn rhaid i chi felly reoli dinoethi i olau a chyfansoddiad drwy ddefnyddio cyflymderau'r caead, gosodiad yr agorfa, dyfnder ffocws a man tynnu'r llun.

Mae man tynnu'r llun ac onglau'n cael effaith sylweddol ar y math hwn o ffotograffiaeth fanwl. Gall addasiad bach yn unig wneud gwahaniaeth enfawr i'r llun terfynol. Mae ffotograffwyr proffesiynol yn aml yn defnyddio camerâu Polaroid i gael

Y Cwrs Anardystiedig – Celf, Crefft a Dylunio

Mae'r cyrsiau ardystiedig ar y tudalennau blaenorol (36-80) yn golygu arbenigo mewn un maes penodol o gelf a dylunio. Fel dewis arall i'r rheiny gallwch ddewis dilyn y Cwrs Anardystiedig, sy'n caniatáu i chi weithio mewn mwy nag un o'r meysydd a ganlyn:

- Celfyddyd Gain
- Cyfathrebu Graffig
- Dylunio Tecstilau
- Dylunio Tri Dimensiwn
- Ffotograffiaeth Cyfrwng Lens a Golau
- Cymhwysol
- Astudiaeth Beirniadol a Chyd-destunol

Ar ddiwedd y cwrs, byddwch yn cyflwyno portffolio ymgeisydd. Dylai'r portffolio gwmpasu dwy neu ragor o'r disgyblaethau arbenigol.

Hwn yw'r opsiwn mwyaf poblogaidd mewn ysgolion Prydeinig oherwydd dyma sy'n cynnig yr hyblygrwydd a'r rhyddid creadigol mwyaf. Mae'n caniatáu i chi arbrofi ag ystod eang o ddefnyddiau, technegau a phrosesau, darganfod sgiliau newydd a gweld pa agweddau o gelf a dylunio sydd o ddiddordeb mwyaf i chi.

Er y gallai'r cyfleusterau yn eich ysgol neu goleg gyfyngu ar eich dewisiadau, mae'n debygol bod sawl athro yn yr adran gelf sydd i gyd yn arbenigo mewn gwahanol ddisgyblaethau. Gyda'i gilydd, byddant yn gallu eich cynorthwyo yn eich gwaith a'ch helpu i ddatblygu gwybodaeth, sgiliau a dealltwriaeth mewn gwahanol feysydd.

Peidiwch â meddwl bod hwn yn opsiwn hawdd. Mae'r safonau ar gyfer y cwrs hwn yn un mor uchel ag y maent ar gyfer y cyrsiau ardystiedig. Ar gyfer pob uned o waith cwrs y byddwch yn ei chynhyrchu, bydd angen i chi ddewis pa faes arbenigol yr ydych yn mynd i weithio ynddo a'i astudio'n fanwl.

Am bob un o'r meysydd arbenigol yr ydych yn dewis ei astudio dylech droi at yr adran berthnasol yn y llyfr hwn (gweler y tudalennau isod) a'i darllen yn ofalus:

- Celfyddyd Gain   34-45
- Cyfathrebu Graffig   46-53
- Dylunio Tecstilau   54-63
- Dylunio Tri Dimensiwn   64-72
- Ffotograffiaeth Cyfrwng Lens a Golau   73-80

Disgwylir i chi ddangos yr holl elfennau ffurfiol a'r sgiliau creadigol a amlinellir ar y tudalennau hyn. Mae'n rhaid i'ch gwaith hefyd fynd i'r afael â'r holl amcanion asesu a nodir yn y cyflwyniad ar ddechrau'r canllaw hwn (tud 8-11) a dangos dealltwriaeth o'r elfennau gweledol (tud 22-32). Am gyngor ar drefnu eich gwaith trowch i dudalennau 84-101.

Dylai eich ymchwil a'ch astudiaeth gefndirol adlewyrchu ystod ac amrywiaeth eich gwaith ymarferol. Peidiwch â chael eich temtio i ailgylchu gwybodaeth – ni fydd hynny ond yn cyfyngu ar eich creadigrwydd. Gwnewch ymchwil ffres ar gyfer pob uned o waith cwrs, gan archwilio meysydd sy'n berthnasol i'r project a'r ddisgyblaeth dan sylw. Erbyn diwedd y cwrs dylech fod yn gyfarwydd â gwaith ymarferwyr (o'r gorffennol a'r presennol fel ei gilydd) o ddau faes gwahanol mewn celf a dylunio fan lleiaf a bod â pheth gwybodaeth o hanes a datblygiad y ffurfiau celf hynny.

Cofiwch, un o fanteision mawr y cwrs hwn yw y bydd gennych ystod ehangach o wybodaeth a sgiliau i dynnu arnynt pan ddaw'r Dasg Allanol (gweler tud. 102-106).

◀ Mae'r byrddau hyn, a'r sgriniau uchod, yn cynrychioli tair uned ar wahân a gynhyrchwyd gan un disgybl. Maent yn dangos ystod ac amrywiaeth y cwrs anardystiedig.
▼ Ffotograffiaeth, cerameg, creu printiau a chyfryngau cymysg: dim ond rhai o'r pynciau y gallwch eu harchwilio ar y cwrs hwn.

Natasha Salmon
4th Year

83

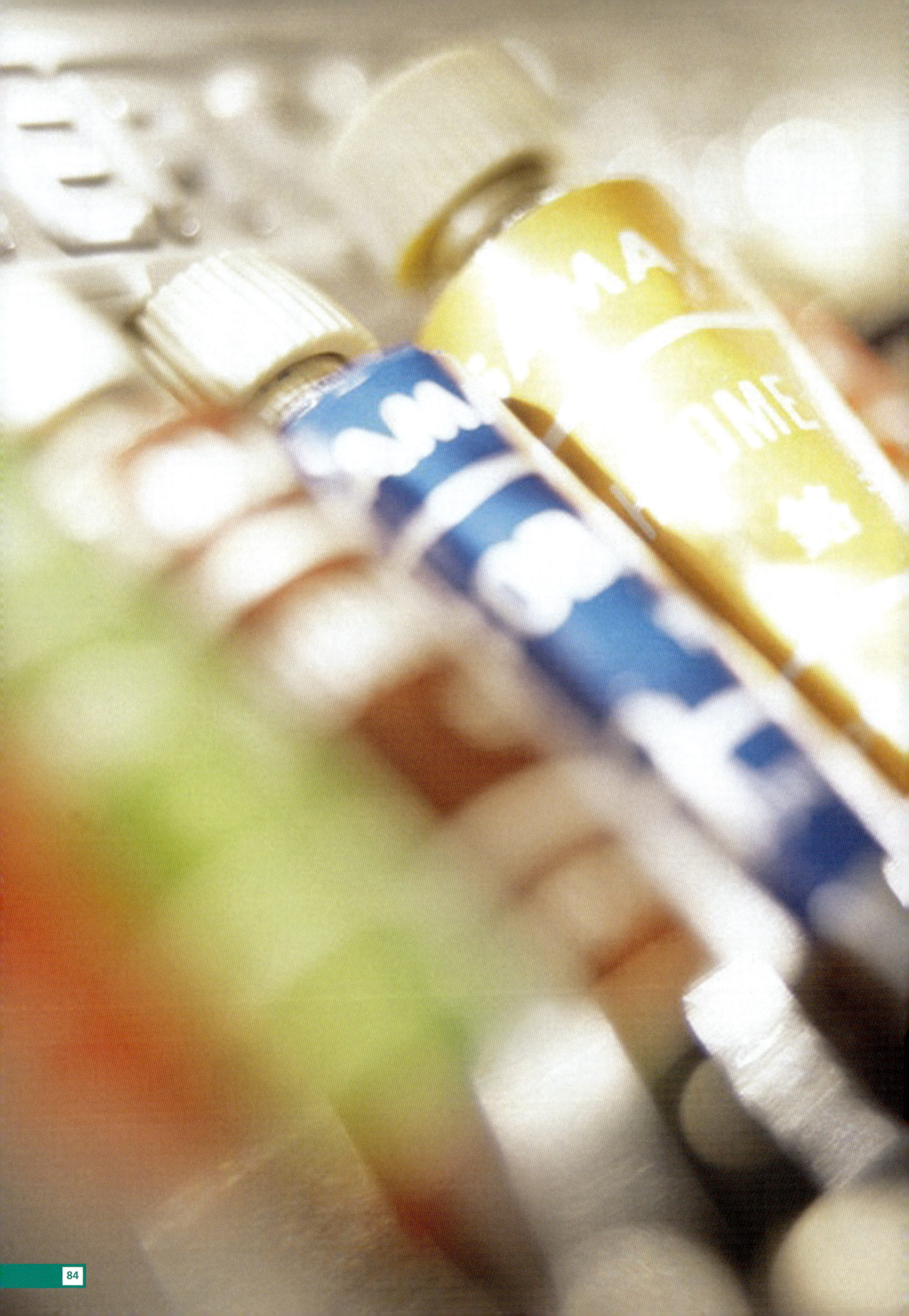

Cynhyrchu Uned o Waith

Cyflwyniad

Mae uned o waith yn 'becyn' o waith a gynhyrchir mewn ymateb i fan cychwyn penodol e.e. thema, briff neu syniad. Mae'n cynnwys eich holl waith paratoi, llyfrau braslunio, llyfrau log, llyfrau cofnod, llyfrau nodiadau technegol a'r darn terfynol.

Waeth beth fo'r ardystiad a'r maes astudio yr ydych yn dewis gweithio ynddo, pan ddaw'r amser i gynhyrchu uned o waith (ar gyfer eich portffolio ymgeisydd neu ar gyfer y dasg allanol), mae'n hanfodol eich bod yn dilyn yr un camau syml os ydych eisiau sicrhau'r canlyniadau gorau a bodloni holl ofynion y cwrs.

Mae cyfleu eich syniadau i drydydd person, sef yr arholwr yn yr achos hwn, yn rhan allweddol o gelf a dylunio – os gwnewch chi hynny'n dda fe gewch chi radd derfynol dda. Fodd bynnag, os cyflwynwch lwyth o waith di-drefn heb unrhyw gyfeiriad amlwg na dyfnder, waeth pa mor dalentog yr ydych fel artist, ni fyddwch yn creu argraff arno o gwbl.

Mae angen i'ch gwaith symud ymlaen mewn dull rhesymegol. Nid yw'r arholwr yn eich adnabod fel person ac nid oes ganddo unrhyw wybodaeth gefndirol am eich gwaith. Felly, pan gaiff yr uned ei chyflwyno i'w hasesu (gweler tud. 99) dylai ddangos yn glir sut yr aethoch o'r man cychwyn i'r darn terfynol.

Mae'r adran hon yn edrych ar y fframwaith sylfaenol ar gyfer uned dda o waith. Mae'n dangos y cyfnodau datblygu allweddol, o'r man cychwyn i'r darn terfynol.

Pan ddaw hi'n fater o gynhyrchu portffolio ymgeisydd, mae gan wahanol ysgolion a cholegau wahanol ffyrdd o weithio. Bydd rhai yn cynnig dewis o fannau cychwyn penodedig neu friffiau dylunio i'w myfyrwyr (yn aml wedi eu cymryd o dasgau allanol yn y gorffennol), tra bydd eraill yn gadael i'w disgyblion gymryd eu cyfeiriad eu hunain. Ar y dudalen hon ceir rhestr o fannau cychwyn posibl ar gyfer eich gwaith:

Thema
Gall eich gwaith gael ei seilio ar thema gyffredin e.e. y tymhorau, y pedair elfen, ffurfiau naturiol neu ddathliadau.

Pwnc trafod
Mae nifer o faterion – lleol, rhanbarthol, cenedlaethol a byd-eang – a all arwain at syniadau e.e. globaleiddio, camddefnydd o alcohol a chyffuriau, yr effaith tŷ gwydr, terfysgaeth neu ryfel. Ceisiwch ddewis pwnc y mae gennych ddiddordeb gwirioneddol ynddo – bydd eich gwaith yn gryfach ac yn fwy angerddol.

Ffigurau
Mae'r ffurf ddynol wedi bod yn ffynhonnell ysbrydoliaeth i artistiaid a dylunwyr ers canrifoedd. Gallech astudio rhannau penodol o'r corff, fel y pen a'r corff neu'r dwylo a'r traed, neu gallech ganolbwyntio ar symudiad neu'r ffordd y mae pobl yn rhyngweithio. Gallwch gynhyrchu gwaith uniongyrchol, sylwgar neu ddewis portreadu ffigurau mewn modd mwy haniaethol. Os ydych yn dylunio cynnyrch ymarferol, efallai bydd yn rhaid i chi gymryd agwedd fwy technegol tuag at y corff dynol trwy ddefnyddio data anthropometrig.

Yr Amgylchedd
Gall eich amgylchedd lleol fod yn destun gwych, waeth a yw'n olygfeydd dinesig, tirluniau neu forluniau. Gallech astudio elfennau persbectif, golau'n newid, tymhorau'n newid neu hyd yn oed y tywydd. Gallech edrych ar olygfeydd panoramig neu gynhyrchu astudiaethau o bethau agos atoch. Gall y ffordd y mae artistiaid yn defnyddio gofod wrth ddylunio'r amgylchedd a thirluniau fod yn faes astudio sy'n rhoi boddhad arbennig. Gallech hyd yn oed edrych ar gerflunio amgylcheddol a chelfyddyd tir.

Astudiaethau Beirniadol/Cyd-destunol
Gall ymchwilio pam y mae artistiaid, crefftwyr a dylunwyr yn cynhyrchu'r gwaith a wnânt agor drysau yn aml i feysydd astudio eraill. Mae hefyd yn helpu i ddatblygu gwell gwybodaeth o fyd celf. Gallech astudio sut a pham y daeth mudiad penodol i fod ac yna cysylltu hynny ag artistiaid unigol neu ddarnau o gelfyddyd o fewn y mudiad hwnnw.

Cysyniadau
Efallai eich bod yn teimlo bod un agwedd o gelf a dylunio yn arbennig o ddiddorol i chi e.e. y ffordd mae artistiaid yn cynrychioli gofod neu'n defnyddio'r haniaethol. Gallwch wneud y cysyniad yma yn ganolbwynt i'ch ymchwiliadau, gan edrych arno o safbwynt technegol a chan gyfeirio at waith sawl artist gwahanol.

Astudiaethau Diwylliannol
Mae bod yn rhan o gymuned amlddiwylliannol yn rhoi cyfle gwych i astudio diwylliannau eraill. Hyd yn oed os ydych yn canolbwyntio ar un agwedd benodol yn eich gwaith, mae'n bwysig ceisio deall y diwylliant cyfan, gan gynnwys traddodiadau, credoau crefyddol, materion moesol ac ati i roi dyfnder gwirioneddol i'ch gwaith.

Briffiau Dylunio
Bydd briff dylunio fel arfer yn rhoi i chi nifer o ffactorau allweddol y mae angen eu hystyried e.e. manylion am y cwsmer arfaethedig neu'r gynulleidfa darged, swyddogaeth a chost. Eich cyfrifoldeb chi wedyn yw dod o hyd i ateb ymarferol.

Mynegiant
Trwy astudio'r ffordd y mae artistiaid eraill yn cyfleu emosiwn yn eu gwaith, gallwch ddysgu sut i gyfleu eich teimladau eich hun yn fwy effeithiol.

Defnyddiau
Gall astudiaeth fanwl o ddefnydd penodol (sy'n berthnasol i'ch ardystiad) e.e. y broses o'i gynhyrchu neu ei wahanol bwrpasau, gynhyrchu llawer o syniadau newydd.

Bywyd Llonydd
Mae bywyd llonydd a gwrthrychau unigol bob amser wedi bod yn ysbrydoliaeth i artistiaid. Mae'n bwysig eich bod yn dangos eich bod yn deall y materion mwy cymhleth y tu cefn i estheteg darn yn dda. Gallai eich gwaith ddilyn thema, neu

Mannau Cychwyn

◄ Byrddau mowntiedig yn dangos archwilio
▼ gwahanol fannau cychwyn.

▲ Darn terfynol amlgyfrwng wedi ei gynhyrchu mewn ymateb i bwnc gwleidyddol.

ganolbwyntio ar wrthrych penodol neu archwilio ei nodweddion unigol.

Syniadau Personol

Nid yw'r rhestr uchod yn hollgynhwysol mewn unrhyw ffordd ac nid oes rhaid i chi ddefnyddio un o'r mannau cychwyn hyn i gael marc da. Efallai bod gennych syniad yr hoffech ei ddatblygu mewn hen lyfr braslunio, neu eich bod wedi dod ar draws rhywbeth diddorol wrth ymchwilio i rywbeth arall. Cyn dechrau ar eich gwaith, siaradwch â'ch athro neu'ch tiwtor i wneud yn siŵr bod eich syniad yn addas i'r cwrs.

87

Ymchwil

Ar ôl dewis man cychwyn a chynllunio'r ffordd ymlaen yn ofalus, mae angen i chi ddechrau casglu defnyddiau craidd priodol a gwneud ymchwil gefndirol trylwyr. Dylech ddefnyddio cydbwysedd da o ffynonellau cynradd ac eilaidd i wneud hynny.

Ceisiwch fod yn drefnus yn eich ymchwil. Defnyddiwch yr adnoddau sydd ar gael yn eich ysgol neu goleg yn gyntaf: y rhyngrwyd, llyfrau llyfrgell, cylchgronau, papurau newydd, cyfnodolion, adnoddau arbenigol yn yr adran gelf ac ati. Mae gwybodaeth fel hyn, sydd wedi ei chynhyrchu gan drydydd person, yn 'eilaidd'.

Ar ôl ymchwilio i'r posibiliadau yn eich ysgol neu goleg, bydd angen i chi fentro ychydig ymhellach. Rhan bwysig o'r cwrs Celf a Dylunio yw profi darnau o gelf a dylunio drosoch eich hun. I wneud hynny gallwch ymweld ag amgueddfeydd, orielau, stiwdios artistiaid ac ati. Mae gwybodaeth a gesglir yn bersonol fel hyn yn 'gynradd'.

Er bod rhai o'r gweithiau celf mwyaf arwyddocaol mewn casgliadau mawr ar hyd a lled y wlad, mae gan nifer o orielau lleol llai o faint arddangosion da sy'n werth edrych amdanynt. Mantais lleoedd fel hyn yw eu bod yn aml yn llai prysur na sefydliadau mwy o faint ac mae'n bosibl y bydd gan y curadur a staff yr oriel amser i siarad â chi.

Wrth ymweld ag oriel neu amgueddfa mae angen i chi gynllunio ymlaen llaw. Cysylltwch â nhw mewn digon o bryd i gadarnhau'r oriau agor a sicrhau y bydd unrhyw ddarnau o gelfyddyd sydd o ddiddordeb penodol i chi yn cael eu harddangos adeg eich ymweliad. Mewn rhai achosion gallai fod yn bosibl i chi ofyn am gael gweld gwaith o'r archifau, nad yw fel arfer yn cael ei arddangos i'r cyhoedd. Mae angen i chi hefyd gael gwybod a allwch dynnu ffotograffau o'r arddangosion neu ddefnyddio defnyddiau celf yn yr oriel.

Cofiwch ofyn a oes ganddynt wefan. Gallwch ddefnyddio'r wybodaeth ar-lein i'ch helpu i baratoi ar gyfer eich hymweliad ac mae gan rai orielau ac amgueddfeydd hyd yn oed safleoedd lle y gallwch weld yr arddangosion ar-lein.

Os ydych yn ymweld â gweithdy neu stiwdio artist, mae'r un rheolau syml yn berthnasol. Cynlluniwch eich ymweliad ddigon o flaen llaw a gwnewch yn siŵr eich bod yn mynd â phopeth sydd ei angen arnoch gyda chi. I nifer o artistiaid mae amser yn golygu arian, felly mae'n bosibl mai dim ond un waith y byddant ar gael i'ch gweld. Os anghofiwch fynd â ffilm sbâr neu lyfr nodiadau gyda chi, mae'n bosibl y byddwch yn colli'ch cyfle.

Gallai fod yn addas ymweld â ffatri ddylunio i ddysgu am brosesau diwydiannol. Mae rhai o'r sefydliadau hyn yn cynnig teithiau tywys. Holwch a oes angen i chi drefnu ymlaen llaw neu ymweld ar ddiwrnod arbennig. Gofynnwch a oes ganddynt unrhyw adnoddau y gallwch eu defnyddio. Mae rhai lleoedd yn cynhyrchu taflenni gwybodaeth, taflenni gwaith a llyfrau tywys a all eich helpu i gynyddu eich gwybodaeth gefndirol.

Gall mynychu arddangosfeydd celf, dylunio a chrefftwaith yn lleol a chenedlaethol fod yn brofiad da. Gallech weld darnau'n cael eu harddangos sy'n debyg i'ch gwaith eich hun. Edrychwch yn ofalus ar y technegau a'r prosesau a ddefnyddiwyd i'w creu.

Peidiwch ag anghofio eich athro neu diwtor fel ffynhonnell wybodaeth.

◀ Mae nifer enfawr o amgueddfeydd ac orielau ar hyd a lled y DG. Yma gwelir yr Amgueddfa Brydeinig (Llundain), yr Amgueddfa Ddylunio (Llundain), Oriel Genedlaethol yr Alban (Caeredin), Amgueddfa Ffilm a Ffotograffiaeth Bradford (Bradford), Parc Cerflunwaith Swydd Efrog (Bretton).

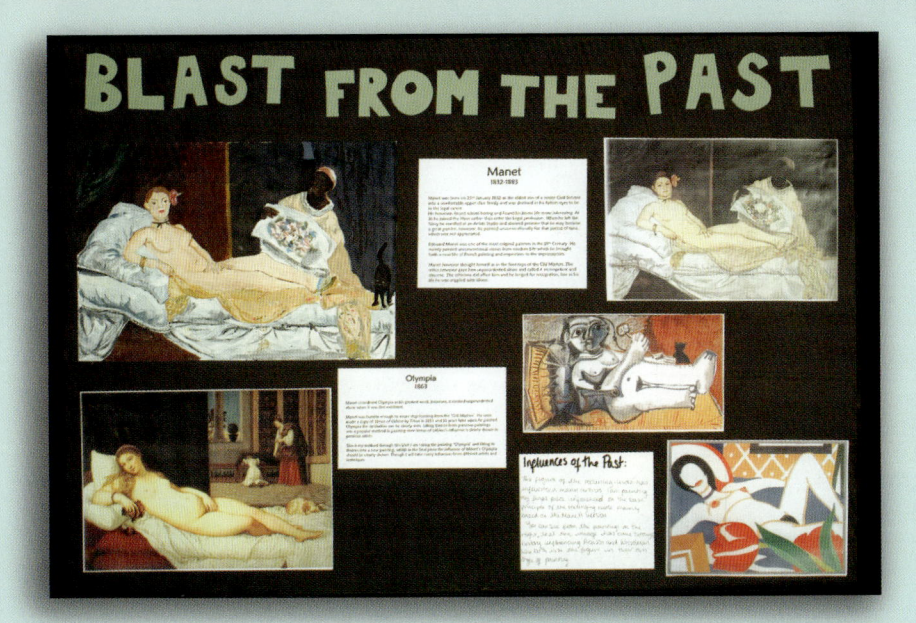

◀ Gwybodaeth a gasglwyd ar drip ymchwil i Lundain yn cael ei harddangos ochr yn ochr ag astudiaethau personol o rai o'r arddangosion.
▼ Delweddau a nodiadau yn dangos ymchwil un myfyriwr i sut yr ymdriniodd gwahanol artistiaid a mudiadau ag un testun drwy gydol hanes.

Mae ef/hi bob amser wrth law i roi arweiniad i chi a gall eich helpu i ddatblygu ac ehangu eich gwybodaeth a meistroli sgiliau, technegau a phrosesau newydd.

Mae llawer o bobl eraill y tu allan i'r ystafell ddosbarth/stiwdio a all eich helpu gyda'ch gwaith, ond eich cyfrifoldeb chi yw dod o hyd iddynt. Gallent gynnwys crefftwyr lleol, llyfrgellwyr, perchnogion orielau, trefnwyr gwyliau celf, asiantiaid theatr ac ati.

Gall y bobl hyn gynnig cyngor ac, os defnyddiwch chi nhw'n iawn, gallant eich helpu i gyrraedd eich amcanion – y cyfan sydd angen i chi ei wneud yw gofyn y cwestiynau iawn. Gofynnwch iddynt edrych ar eich gwaith neu drafod eich syniadau gyda chi a nodwch eu hymateb. Gall y trafodaethau hyn helpu i ddatblygu syniadau a oedd gennych yn barod a helpu i greu rhai newydd. Gallant hefyd amlygu elfennau o'ch gwaith nad oedd wedi eich taro chi o'r blaen.

Gall y broses hon o gasglu gwybodaeth fod yn fanteisiol iawn. Byddwch yn dechrau darganfod pethau nad oeddech yn eu gwybod o'r blaen a bydd hynny'n helpu i greu syniadau newydd. Po fwyaf yr ydych yn ei ddysgu, y mwyaf o bosibiliadau a welwch ar gyfer eich gwaith eich hun.

Cadwch eich ymchwil i gyd gyda'i gilydd mewn un man, lle y gallwch gyfeirio ato'n gyson e.e. mewn ffolder, portffolio, llyfr nodiadau neu lyfr braslunio (gweler tudalen 89 am fwy o wybodaeth am gadw cofnodion).

91

Mae angen i chi gynhyrchu astudiaethau uniongyrchol o baentiadau, gwrthrychau ac arteffactau gan artistiaid eraill. Bydd hyn yn help i chi gael gwell dealltwriaeth o'r prosesau artistig a'r gwahanol arddulliau (e.e. haniaethol a ffigurol), cysyniadau (e.e. gofod a phersbectif) a thechnegau. Gallwch wedyn gymhwyso'r wybodaeth i'ch gwaith eich hun.

Mae cynhyrchu 'astudiaeth' yn egluro'i hun. Nid ydych yn gwneud copi syml o waith artist arall – rydych yn ei ystyried a'i archwilio'n feirniadol.

Dechreuwch trwy ddod o hyd i ddarn o waith yr ydych yn ei fwynhau neu'n ei gael yn ddiddorol. Yn gyntaf, nodwch eich teimladau am y darn ar bapur. Pam rydych yn ei hoffi? Beth sy'n eich diddori am y llun penodol hwn? Ceisiwch fod mor benodol â phosibl.

Ar ôl i chi wneud hyn, gofynnwch i bobl eraill a ydynt yn hoffi'r darn a gofynnwch iddynt esbonio eu hatebion. Po fwyaf o bobl y gofynnwch iddynt, y mwyaf o wybodaeth a fydd gennych i weithio arni.

Wedyn mae angen i chi ganfod cymaint o wybodaeth â phosibl am gefndir y darn. Chwiliwch pryd y cynhyrchwyd ef a pham. Pwy a'i cynhyrchodd? A yw'n nodweddiadol o'i waith?

Yn olaf, dylech edrych ar y darn o safbwynt technegol. Sut y crëwyd ef? Pa brosesau a defndyddiau a ddefnyddiwyd? Sut mae'r artist wedi defnyddio lliw, tôn a gwead yn y darn? Pan fyddwch yn cynhyrchu astudiaeth uniongyrchol fel hyn, gwnewch yn siŵr eich bod yn ei labelu'n glir ag enw'r artist ac unrhyw wybodaeth berthnasol arall (e.e. enw'r darn a'r dyddiad y'i cynhyrchwyd).

DS. Mae copïo gwaith rhywun arall a'i gyflwyno fel eich gwaith eich hun yn erbyn rheolau'r byrddau arholi a byddwch yn colli marciau os gwnewch hynny. Mae arholwyr yn gweld llawer o unedau o waith bob blwyddyn ac mae nifer ohonynt yn athrawon ac artistiaid eu hunain – os copïwch waith rhywun arall, byddwch yn cael eich dal.

Y cam nesaf yw arbrofi drwy roi'r hyn yr ydych wedi'i ddysgu ar waith. Ceisiwch gynhyrchu ychydig o ddarnau gwreiddiol gan ddefnyddio'r un defnyddiau a thechnegau â'r artist yr ydych wedi bod yn ei astudio neu gan efelychu ei arddull. Cofiwch werthuso'r gwaith yr ydych yn ei gynhyrchu – a ydych chi'n meddwl bod y canlyniadau'n llwyddiannus?

Cynhyrchu Astudiaethau

▼ Mae nifer anhygoel o artistiaid, dylunwyr a chrefftwyr y gallwch astudio eu gwaith. Fodd bynnag, ceisiwch edrych ar ddarnau a fydd yn eich helpu i ddatblygu eich gwaith eich hun.

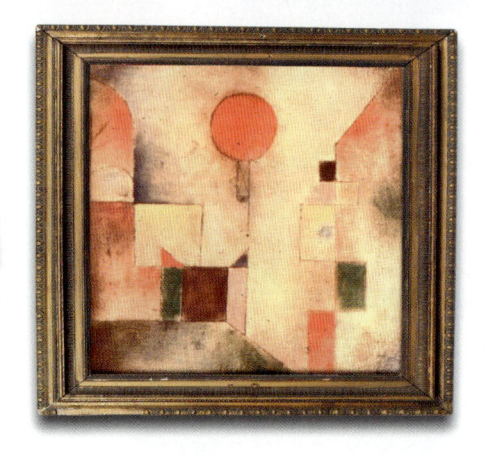

Arbrofi

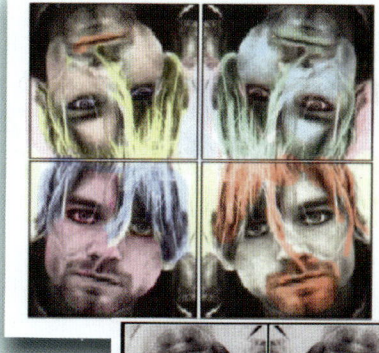

Mae arbrofi â gwahanol ddefnyddiau, technegau a phrosesau yn rhan bwysig o'r cwrs Celf a Dylunio. Dim ond trwy gymharu llawer o wahanol ffyrdd y byddwch yn gallu dewis yr un/rhai sy'n caniatáu i chi fynegi eich teimladau orau.

Bydd y math o ddefnyddiau y byddwch yn eu defnyddio yn dibynnu i raddfa helaeth ar ba ardystiad yr ydych wedi ei ddewis. Fodd bynnag, mae rhai sy'n gyffredin i bob myfyriwr. Edrychwch o gwmpas eich adran/stiwdio gelf a gwnewch restr o'r holl ddefnyddiau sydd ar gael i chi. Gosodwch darged i chi eich hun i'w defnyddio i gyd mewn rhyw ffordd yn eich gwaith cwrs.

Mae gan y rhan fwyaf o adrannau amrywiaeth o baentiau, gwahanol raddau o bensiliau, pasteli caled a meddal, pensiliau lliw, peniau ac inciau, creonau cwyr ac, efallai, sialciau. Efallai y byddwch hyd yn oed yn ddigon ffodus i gael inciau printio, pensiliau dyfrlliw, siarcol, ffyn graffit a phennau ffelt. Cyfunwch unrhyw un o'r rhain â phapur gwyn, papur lliw neu bapur â gwead ac mae gennych amrywiaeth o bosibiliadau i'w harchwilio'n barod.

Eich cyfrifoldeb chi yw gwneud y gorau o'r adnoddau sydd ar gael i chi. Cofiwch nad ydych wedi'ch cyfyngu i'r adran gelf yn unig. Yn ogystal â chyflenwadau celf confensiynol, mae llawer o ddefnyddiau posibl o gwmpas sy'n rhad ac yn hawdd i'w cael (e.e. papur newydd, ffoil, deunyddiau naturiol fel dail). Byddwch mor ddyfeisgar a chreadigol â phosibl. Mewn nifer o achosion, gall dyfalbarhad a dyfeisgarwch wneud y gwahaniaeth rhwng gradd dda ac un gyffredin.

Ar ôl adnabod gwahanol ddefnyddiau, mae angen i chi arbrofi â gwahanol ffyrdd o'u defnyddio. Dylai eich athro neu diwtor allu eich cynghori ar y mater yma a gallwch wneud eich ymchwil eich hun gan ddefnyddio llyfrau arbenigol, cylchgronau a gwefannau. Gallwch edrych ar waith artistiaid eraill i helpu i roi syniadau gwahanol i chi a gall dosbarthiadau celf allgyrsiol mewn colegau a chanolfannau lleol fod yn ffordd dda o ehangu eich gwybodaeth. Efallai y bydd rhain yn y nos, ar benwythnosau neu, weithiau, yn ystod gwyliau ysgol. Maent fel rheol yn gymharol rad i fyfyrwyr eu mynychu a gallant eich cyflwyno i ffurfiau o gelfyddyd nad oes cyfle i'w hastudio yn yr ysgol e.e. creu printiau, collage, cerflunwaith neu batic.

Peidiwch ag anghofio arbrofi â TGCh. Mae pecynnau Dylunio trwy Gymorth Cyfrifiadur (CAD), rhaglenni 'paent' a meddalwedd graffigwaith i gyd yn offer ymarferol sy'n cynnig posibiliadau eraill diddorol yn lle technegau mwy traddodiadol.

Arbrofwch trwy ddefnyddio gwahanol ddefnyddiau a dulliau ar yr un ddelwedd, darlun neu bwnc i weld beth sy'n gweithio orau.
▲ Lluniau o adar a gynhyrchwyd gan ddefnyddio pensiliau dyfrlliw ar bapur lapio brown a phasteli ar bapur siwgr du.
▲ Defnyddir peintio sidan a batic i atgynhyrchu'r dyluniad.
▲ Defnyddio TGCh i drin delwedd ffotograffig.

Arferion Gweithio Diogel

Gall y prosesau a ddefnyddir i greu rhai effeithiau eich rhoi mewn cysylltiad uniongyrchol â defnyddiau peryglus ac offer a all fod yn beryglus. Rhaid i chi allu eu defnyddio'n ddiogel i'ch cadw chi a phawb o'ch cwmpas rhag cael niwed.

Mae defnyddio synnwyr cyffredin yn rhan hanfodol o weithio'n ddiogel. Ar y dudalen gyferbyn ceir canllawiau iechyd a diogelwch y dylid eu dilyn bob amser. Nid yw'r rhestr yn hollgynhwysol o bell ffordd, a dylech ofyn i'ch athro neu diwtor am unrhyw reoliadau penodol a bennwyd gan eich ysgol neu goleg.

▼ Byddwch yn ymwybodol o arwyddion a sticeri a all eich rhybuddio am beryglon posibl yn y gweithdy neu'r stiwdio.

Cyffredinol

- Cadwch y gweithdy neu'r stiwdio'n daclus.
- Cadwch lwybrau tramwy ac allanfeydd tân yn glir.
- Cliriwch unrhyw beth a gollwyd ar unwaith.
- Golchwch a sychwch eich dwylo cyn ac ar ôl gweithio gan ddefnyddio glanweithyddion addas.
- Defnyddiwch yr offer a'r dillad amddiffynnol a ddarperir bob amser.
- Defnyddiwch offer amddiffynnol yn gywir a sicrhewch nad ydyw wedi ei niweidio neu wedi treulio'n ormodol.
- Peidiwch â rhedeg.
- Sicrhewch eich bod yn ufuddhau i bob arwydd diogelwch.
- Cymerwch ofal wrth godi gwrthrychau trwm a defnyddiwch offer codi addas (e.e. troli) pan fo hynny'n addas.
- Sicrhewch fod digon o wres a golau i weithio'n gyffordus.
- Peidiwch ag ysmygu yn y gweithdy neu'r stiwdio.
- Sicrhewch eich bod yn gyfarwydd â'r trefniadau pe bai tân.
- Sicrhewch eich bod yn gwybod lle mae'r man cymorth cyntaf agosaf.
- Rhowch wybod i'ch athro neu diwtor ar unwaith am unrhyw anafiadau.

Defnyddio Peiriannau / Offer

- Cadwch eich gwallt wedi'i glymu'n ôl neu dan gap.
- Tynnwch unrhyw emwaith a allai gael ei ddal yn rhannau symudol y peiriant.
- Peidiwch â gwisgo dillad rhydd neu lac.
- Peidiwch byth â defnyddio peiriannau neu offer heb eich goruchwylio.
- Sicrhewch fod y prif gyflenwad trydan wedi'i ddiffodd cyn cysylltu neu ddatgysylltu offer neu beiriannau.
- Ni ddylai ceblau a gwifrau gael eu hestyn ar draws llwybrau tramwy na'u gadael i lusgo.
- Peidiwch â defnyddio offer neu beiriant os nad ydych yn gwybod sut i'w ddefnyddio'n gywir.
- Sicrhewch eich bod yn gwybod lle mae'r 'stop brys' wedi'i leoli.
- Defnyddiwch offer a pheiriannau at y pwrpas y'u bwriadwyd yn unig.
- Defnyddiwch yr offer diogelwch a ddarperir bob amser.
- Peidiwch â thynnu sylw eraill tra'u bod yn defnyddio offer neu beiriannau.
- Peidiwch byth â defnyddio aer cywasgedig i olchi peiriannau.
- Dylai pob darn o offer neu beiriant gael ei wirio o ran diogelwch yn rheolaidd.

Cyllyll ac Offer Llaw

- Defnyddiwch y gyllell neu'r offer cywir ar gyfer pob tasg. Os nad ydych yn siŵr, gofynnwch.
- Peidiwch byth â defnyddio offer sydd wedi torri neu dreulio.
- Peidiwch byth â chamddefnyddio offer.
- Golchwch yr offer yn iawn ar ôl ei ddefnyddio a rhowch bopeth i gadw yn y mannau cywir.

Sylweddau Peryglus

Mae rheoliadau (COSHH) yn bodoli i'ch amddiffyn rhag sylweddau peryglus a ddefnyddir yn yr ysgol neu'r gwaith. Mae rhai o'r sylweddau mor gyffredin fel na fyddwn efallai'n sylweddoli pa mor niweidiol y gallant fod.

- Darllenwch bob rhybudd perygl a label cyfarwyddiadau ar gynwysyddion yn ofalus.
- Gwisgwch fenig, sbectol diogelwch neu ddillad amddiffynnol bob amser os oes cyfarwyddwyd i wneud hynny.
- Cyn defnyddio sylwedd, sicrhewch eich bod yn gwybod beth i'w wneud os yw'n gorlifo ar eich dillad neu eich croen.
- Peidiwch â throsglwyddo sylwedd i gynhwysydd sydd heb ei labelu neu wedi ei labelu'n anghywir (waeth pa mor fach yw'r swm).
- Cadwch draw oddi wrth wreichion a fflamau.
- Peidiwch â chymysgu unrhyw sylweddau os nad ydych yn sicr ei bod yn ddiogel i wneud hynny.

Defnyddio TGCh

- Sicrhewch fod eich cadair wedi'i haddasu'n iawn (gweler y diagram).
- Defnyddiwch sgrin wrth-lacharedd o flaen y monitor lle mae hynny'n bosibl.
- Cymerwch doriadau rheolaidd i orffwyso eich llygaid a'ch cyhyrau.

Mae rhai pobl yn mynd i ddioddef poenau a doluriau o wneud yr un peth drosodd a throsodd. Rhaid i chi roi gwybod i'ch athro neu diwtor ar unwaith am unrhyw broblemau gyda'ch llygaid neu boenau yn eich garddyrnau, breichiau neu eich gwddf.

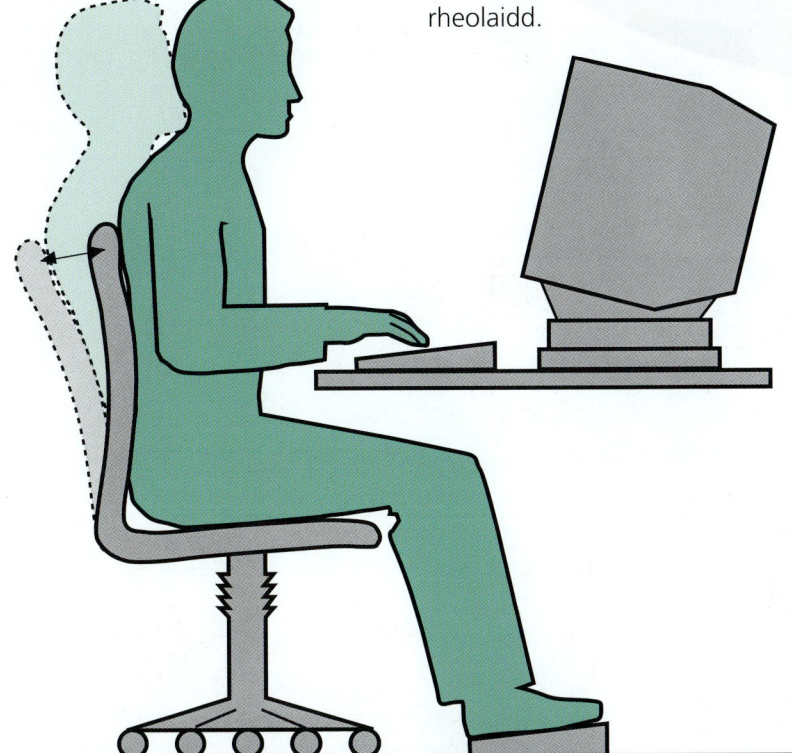

Erbyn y cyfnod hwn, dylai fod gennych lawer o syniadau am wahanol gyfeiriadau i'ch gwaith. Nawr mae angen i chi symud ymlaen i'r cam nesaf a phenderfynu pa rai o'r syniadau yma sy'n ymarferol (h.y. pa rai fyddai'n gweithio).

Mae angen i chi gymryd un syniad ar y tro a gweithio trwyddo tan eich bod yn cyrraedd casgliad (e.e. darn terfynol posibl). Os ydych yn credu ei fod yn gweithio, rhowch ef i'r naill ochr; os nad yw'n gweithio, ffeiliwch ef i gadw. Gwnewch hyn â phob syniad unigol ac ar ddiwedd y broses byddwch yn gallu gwneud penderfyniad gwybodus am yr un gorau i'w ddefnyddio.

Peidiwch â gwaredu unrhyw syniadau'n llwyr. Maent yn rhan bwysig o'r broses greadigol a gallant gael eu cynnwys i'r arholwr eu gweld. Mae angen i chi ddangos nad ydych wedi dilyn llwybr syth yn unig, a'ch bod wedi edrych ar nifer o bosibiliadau cyn dewis un i'w ddatblygu ymhellach.

Yn eich ymchwil byddwch wedi darganfod artistiaid a dylunwyr sydd wedi dylanwadu arnoch neu sy'n defnyddio dulliau tebyg i'ch rhai chi. Gallwch ddefnyddio eu gwaith fel canllaw i'ch helpu i ddechrau datblygu eich syniadau, ond dylech weld bod eich llwybr chi yn eich arwain oddi wrth eu rhai nhw ac yn y pen draw yn eu gadael ymhell ar ôl. Cofiwch eich bod eisiau cynhyrchu rhywbeth hollol wreiddiol.

Yn ystod y broses hon o ddatblygu, mae angen i bob cam a gymerwch gael ei nodi. Gallwch ddefnyddio cyfeirnodau gweledol (e.e. ffotograffau a brasluniau) ac anodiadau i gofnodi eich cynnydd. Bydd cadw cofnod fel hyn yn dangos i'r arholwr sut y cyrhaeddoch at eich darn terfynol. Mae hefyd yn caniatáu i chi fynd yn ôl os oes angen ac yn sicrhau nad ydych yn colli golwg o'r man cychwyn gwreiddiol.

Mae angen i chi adolygu a gwella eich gwaith yn gyson trwy gydol y broses ddatblygu, i sicrhau eich bod yn mynd i'r cyfeiriad iawn a'ch bod yn hapus â'r canlyniadau. Os gwelwch unrhyw fylchau yn eich gwaith, llenwch nhw nawr. Peidiwch â'u gadael tan ddiwedd y project – fe allech eu hanghofio.

Gofynnwch i ffrind neu aelod o'ch teulu edrych drwy eich gwaith. Os nad ydynt yn ei ddeall, holwch pam. Gofynnwch iddynt sut y gallwch wneud eich gwaith yn haws ei ddilyn a'i ddeall a newidiwch ef yn ôl y galw.

Datblygu Syniadau

▼ Mae'r bwrdd hwn yn dangos sut y gwnaeth y myfyriwr archwilio a datblygu un syniad am groglun wedi'i seilio ar thema 'y tymhorau'.

▲ Mae'r bwrdd hwn yn dangos y myfyriwr yn dod â'r holl elfennau a fydd yn rhan o'r darn terfynol (a ddangosir ar y dde) at ei gilydd.

Cwblhau Syniadau

Mae artistiaid, dylunwyr a chrefftwyr proffesiynol yn treulio llawer o amser yn cwblhau a pherffeithio'u cynlluniau er mwyn sicrhau eu bod yn gwbl fodlon â nhw, cyn dechrau gweithio ar y gwir gynnyrch neu'r darn terfynol. Os ydynt yn cynhyrchu gwaith ar gyfer oriel neu gleient, maent hefyd yn cael adborth ganddynt ar yr adeg hon i sicrhau bod eu dyluniad yn ateb yr holl ofynion angenrheidiol.

Mae amser yn werthfawr ac mae defnyddiau'n ddrud, felly mae'n bwysig eu bod yn cynllunio'u darn terfynol yn drylwyr i osgoi camgymeriadau costus ac i amddiffyn eu henw da.

Bydd disgwyl i chi hefyd wneud hynny. Rydych eisoes wedi gwneud yr holl waith caled – gwneud ymchwil, cynhyrchu astudiaethau, arbrofi â defnyddiau ac ati – nawr, â'r holl wybodaeth yma ar gael i chi gallwch eistedd i lawr a phenderfynu ar gynllun a gwneuthuriad eich darn terfynol.

Bydd angen i chi gynhyrchu darlun maint llawn neu wrth raddfa o'ch darn terfynol. Bydd hyn, yn ei dro, yn caniatáu i chi gynhyrchu rhestr o'r holl offer a defnyddiau y byddwch eu hangen a'r holl brosesau y byddwch yn eu defnyddio. Wedyn bydd angen i chi sicrhau bod yr holl eitemau angenrheidiol ar gael. Byddwch yn ymwybodol o beth all fynd o'i le yn y broses gynhyrchu a cheisiwch gynllunio am bob posibilrwydd. Yn olaf, cyfrifwch pa mor hir y bydd yn ei gymryd i chi wneud y darn a faint y bydd yn ei gostio.

Ar yr adeg hon, mae'n hanfodol eich bod yn cael cymeradwyaeth eich athro neu diwtor. Efallai y bydd hefyd yn gallu cynnig newidiadau posibl i wella eich gwaith ac atebion rhatach yn lle prosesau drud.

I'ch helpu i benderfynu sut bydd eich darn terfynol yn edrych, gallech wneud model, brasfodel neu maquette. Mae artistiaid a dylunwyr yn defnyddio'r rhain yn aml i'w helpu i wireddu eu syniadau a'u cyflwyno i gwsmeriaid posibl. Maent yn caniatáu i chi sicrhau eich bod yn hapus â'r cynllun terfynol cyn dechrau cynhyrchu'r darn terfynol. Gellir gwneud unrhyw newidiadau angenrheidiol wedyn heb wastraffu gormod o amser na chostio gormod o arian.

Sicrhewch eich bod yn cadw'r holl waith paratoi, brasluniau a modelau yr ydych yn eu defnyddio i'ch helpu i baratoi a chwblhau eich dyluniad gyda'i gilydd mewn un lle. Rhain yw'r darnau o waith y dylech eu cyflwyno i'w hasesu gyda'r darn terfynol. Byddant yn eich helpu i ddangos sut mae eich darn terfynol yn berthnasol i'r briff neu'r man cychwyn a roddwyd i chi.

Mae angen i'r arholwr allu gweld y llwybr yr ydych wedi ei ddilyn a sut y bu i chi dynnu'r holl wahanol ddarnau o waith at ei gilydd i gynhyrchu eich darn terfynol. Am wybodaeth ar sut i gyflwyno'r gwaith hwn, trowch i dudalen 99.

Mae'n bosibl i bethau fynd o'u lle tuag at ddiwedd eich gwaith. Fodd bynnag, os ydych wedi casglu eich holl waith at ei gilydd a chynllunio eich darn terfynol yn fanwl, bydd gan yr arholwr ddigon o wybodaeth i asesu eich gwaith beth bynnag.

97

Y Darn Terfynol

▲ Sgrin addurniadol a chyfansoddiad amlgyfrwng: mae'r ddau'n esiamplau o ddarnau terfynol.

Dylai eich darn terfynol fod yn uchafbwynt i'r holl waith yr ydych yn ei wneud o fewn uned o waith. Defnyddiwch ef i arddangos eich gwybodaeth, sgiliau a gallu. Gall fod yn ddarn unigol neu'n gasgliad o weithiau sy'n perthyn i'w gilydd.

Peidiwch â dechrau gweithio ar eich darn terfynol tan eich bod wedi cwblhau eich holl waith paratoi ac yn gwybod yn union beth yr ydych am ei gyflawni.

Byddwch yn barod am bob posibilrwydd. Mewn rhai sefyllfaoedd, wrth weithio ar eich darn terfynol, gallwch ddarganfod nad yw un o'r elfennau'n gweithio o gwbl a bod angen i chi wneud newidiadau i ddelio â hyn. Er enghraifft, efallai nad yw'r gorffeniad yr ydych wedi ei ddewis yn edrych yn dda ar y darn terfynol neu bod y defnyddiau yr ydych wedi eu dewis yn eich cyfyngu fwy nag yr oeddech yn ei feddwl.

Os oes rhaid i chi wneud newidiadau yn ystod y broses gynhyrchu, cofiwch eu cofnodi. Mae hynny'n sicrhau nad oes unrhyw neidiau di-eglurhad o'ch gwaith paratoi i'r darn terfynol. Mae addasu yn rhan bwysig o'r broses ddylunio. Ni fyddwch yn colli marciau am wneud newidiadau ar yr adeg hon, cyn belled â'ch bod yn rhoi rhesymau da dros wneud hynny.

Wedi dweud hynny, wrth wneud eich darn terfynol dylech geisio cadw at eich cynlluniau mor agos â phosibl. Sicrhewch eich bod yn cadw at eich amserlen ac yn gwneud y tasgau a osodwyd ar gyfer y diwrnod. Os nad ydych yn gwneud hynny, gallech orffen â darn heb ei gwblhau neu un llai na'ch bwriad gwreiddiol. Os yw hyn yn digwydd ni fydd eich darn yn dangos eich gwir botensial a bydd eich holl waith caled yn cael ei wastraffu.

Os dechreuwch fod ar ei hôl hi o ran amser neu os yw pethau'n mynd 'o chwith', siaradwch â'ch athro neu diwtor, i gael cymorth a chyngor. Gwnewch hyn cyn gynted â phosibl – yn aml gellir arbed darnau os eir i'r afael â'r problemau'n ddigon cynnar.

Os yw'r darn yr ydych yn gweithio arno'n fregus neu'n waith dros dro bydd angen i chi gofnodi eich prosesau gam-wrth-gam. Byddai hefyd yn syniad da tynnu ffotograff o wrthrychau cerameg cyn iddynt gael eu tanio rhag ofn i rywbeth fynd o'i le.

Rhowch amser i chi'ch hunan i sicrhau bod y darn terfynol yn cael ei gyflwyno ar ei orau e.e. mowntio neu fframio ffotograffau a phaentiadau, golchi neu ymestyn gwrthrychau tecstilau, rhoi gwaith adeileddol ar blinth neu lamineiddio gwaith graffeg. Mae'r rhain yn gamau olaf hanfodol a gallant wneud gwahaniaeth sylweddol i'ch marciau terfynol.

▲ Gall eich darn terfynol fod yn gyfres o wrthrychau/delweddau sy'n perthyn i'w gilydd, fel y jygiau cerameg hyn.

Mae angen i chi gyflwyno eich gwaith mewn ffordd hawdd ei dilyn. Dylai ddangos yn glir pa ymchwil a wnaethoch a sut yr effeithiodd eich casgliadau ar eich gwaith. Mae'n rhaid i'ch cynulleidfa darged (h.y. yr arholwr) allu gweld yn glir y llwybr y dewisoch ei ddilyn a pham.

Y dull mwyaf poblogaidd o gyflwyno gwaith i'w asesu yw ei fowntio ar ddarnau mawr, unffurf o bapur trwchus neu gerdyn. Gellir cadw'r rhain yn lân ac yn wastad mewn portffolio cardbord neu blastig. Dylai darnau o waith sy'n perthyn i'w gilydd e.e. ffotograffau, brasluniau a gweithiau celf bach gael eu grwpio gyda'i gilydd a'u mowntio ar un ddalen. Mantais y dull hwn yw ei fod yn caniatáu i chi gyflwyno uned o waith fel 'pecyn cyflawn'.

Labelwch bob dalen fowntiedig yn unigol e.e. Dalen 1, Dalen 2 ayyb. Os oes llyfr braslunio cysylltiedig, sicrhewch eich bod yn defnyddio tudalennau rhannu neu labeli i ddynodi'r gwahanol unedau gwaith.

Yr elfen bwysicaf mewn Celf a Dylunio yw'r gallu i gyfleu eich meddyliau, teimladau a syniadau i drydydd parti. Mae anodiadau yn un o'r ffyrdd gorau o dynnu sylw at y pwyntiau allweddol yn eich gwaith. Gall hyn fod yn arbennig o ddefnyddiol os cawsoch drafferth i gyfleu'ch syniadau yn weledol. Gwnewch yn siŵr eich bod yn labelu gwaith yn glir gan ddefnyddio saethau neu rifau, fel ei bod yn

Cyflwyno Portffolio Ymgeisydd

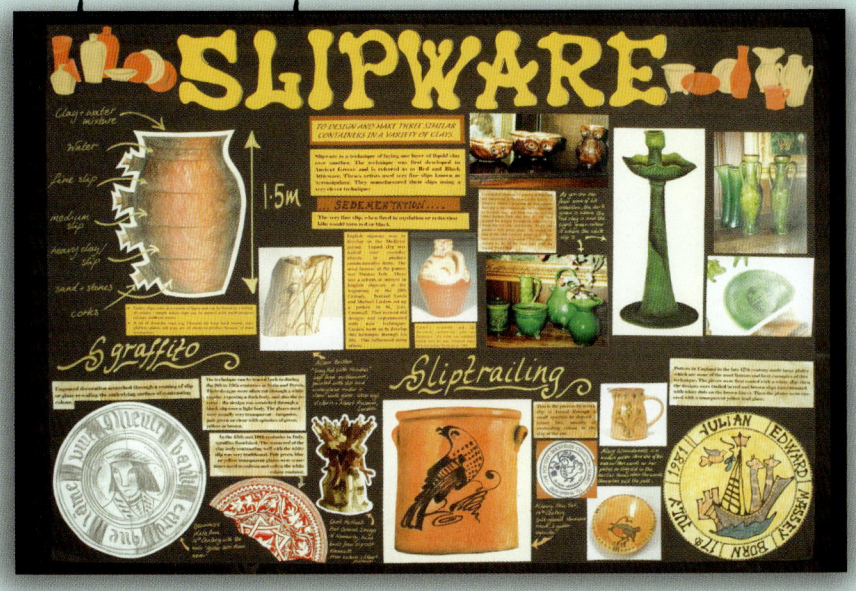

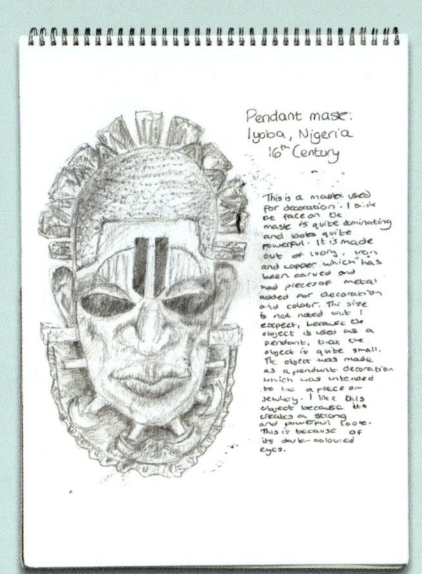

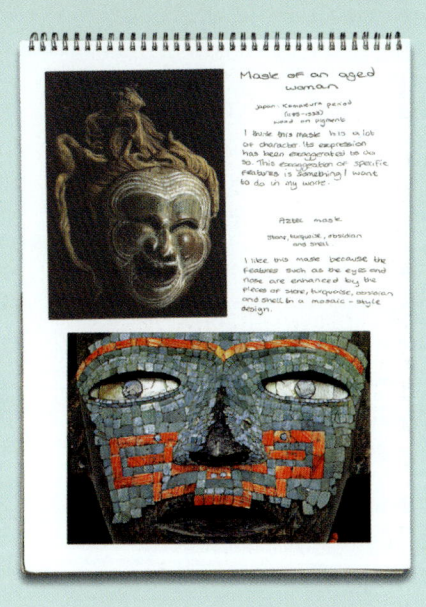

amlwg pa sylw sy'n perthyn i ba ddarn o waith. Gall defnyddio TGCh eich helpu i gynhyrchu nodiadau ac anodiadau sy'n hawdd eu deall.

Mae'n rhaid i'r arholwr allu gweld yn glir pa rai o'ch astudiaethau a darnau o waith paratoi niferus a ddylanwadodd ar eich darn(au) terfynol. Ni allwch arddangos eich holl waith paratoi felly dewiswch ddarnau a oedd yn bwysig yn natblygiad eich darn terfynol.

Sicrhewch fod eich gwaith yn lliwgar ac yn weledol gyffrous. Bydd yr arholwr yn gweld cannoedd o unedau o waith, felly gwnewch yn siŵr bod eich un chi yn sefyll allan.

Nid oes rhaid i chi ddilyn y dull hwn o arddangos a gallwch ddewis cyfrwng arall i gyflwyno'ch gwaith. Fodd bynnag, mae'n bwysig cadw mewn cof bod yn rhaid i'r arholwr fod â'r cyfleusterau i edrych ar a gwerthuso unrhyw unedau o waith yr ydych yn eu cyflwyno i'w hasesu. Er enghraifft, gall CD-ROM fod yn ffordd dda o gyflwyno gwaith lle bo hynny'n addas, cyn belled â'ch bod yn rhannu'ch gwaith yn rhesymegol i adrannau i'w wneud yn hawdd ei ddilyn.

◀ Defnyddiwch nodiadau ac anodiadau i sicrhau bod yr arholwr yn deall beth mae delwedd benodol yn ei ddangos a pham y penderfynoch ei chynnwys.

99

Gwerthuso Portffolio Ymgeisydd

Dylech werthuso eich gwaith ar ysbeidiau rheolaidd trwy gydol y cwrs i sicrhau ei fod yn datblygu fel yr oeddech yn bwriadu. Mae angen i chi hefyd werthuso pob uned fel cyfanwaith ar ôl ei chwblhau. Pwrpas y gwerthusiad terfynol hwn yw crynhoi'r hyn yr ydych wedi ei ddysgu.

Dechreuwch trwy edrych ar y wybodaeth a gasgloch. O ble daeth y wybodaeth a sut wnaeth hynny eich helpu?

Edrychwch yn ôl ar yr artistiaid a'r gwaith celf a'ch ysbrydolodd yn y lle cyntaf. Beth a ddysgoch ganddynt? Sut mae eich gwaith chi'n cymharu â'u gwaith nhw? A yw eich teimladau a'ch barn amdanynt wedi newid o ganlyniad i'ch gwaith eich hun?

Adolygwch yr holl ddefnyddiau a thechnegau y gwnaethoch eu defnyddio. Sut ddefnyddioch chi nhw? A gawsoch chi unrhyw broblemau? Beth ydych chi'n meddwl o'r canlyniadau?

Wedyn edrychwch ar eich darn terfynol. Beth ydych chi'n ei hoffi a ddim yn ei hoffi am y darn? A yw'n cyflawni'r hyn yr oeddech wedi ei fwriadu? Beth fyddech chi'n hoffi ei newid pe bai mwy o amser gennych? Ceisiwch fod mor onest â phosibl a sicrhewch fod eich sylwadau yn adeiladol. Rhowch resymau dilys i'w cefnogi bob tro.

Gorffennwch drwy edrych ar yr uned o waith yn ei chyfanrwydd. A wnaethoch chi gyflawni eich amcanion gwreiddiol i gyd? Pe byddai rhaid i chi ail-wneud y project, beth fyddech chi'n ei wneud yn wahanol? Gallech hefyd nodi unrhyw syniadau a gynhyrchodd y gwaith yma, y byddech yn hoffi eu datblygu ymhellach pe byddai cyfle.

▲ Cyflwynwch werthusiad gonest i'w asesu ynghyd â ffotograff neu ddelwedd o'r darn terfynol.

Ar ddiwedd y cwrs, bydd angen i chi gyflwyno eich holl waith (eich portffolio ymgeisydd a'r gwaith a gynhyrchoch ar gyfer y dasg allanol) i'w asesu. Bydd yn cael ei farcio gan eich athro neu diwtor celf yn gyntaf ac yna gan arholwr allanol.

O achos y niferoedd enfawr o waith a gyflwynir i'w hasesu, mae'n hanfodol eich bod yn labelu pob darn yn glir. Does dim ots sut yr ydych yn gwneud hyn, y peth pwysig yw bod gan bob dalen fowntiedig, llyfr braslunio ayyb. y wybodaeth ganlynol ar y cefn:

- Eich enw llawn
- Eich rhif ymgeisydd
- Enw eich canolfan
- Rhif eich canolfan
- Y côd maes llafur ar gyfer yr uned benodol honno
- Dyddiad yr arholiad (gwaith ar gyfer y dasg allanol)

Bydd hefyd angen i chi lofnodi ffurflen gofnodi ymgeisydd, a fydd wedyn yn cael ei chydlofnodi gan athro neu diwtor y cwrs. Mae'r ffurflen hon yn bwysig iawn. Drwy ei llofnodi, rydych yn cadarnhau mai eich gwaith chi eich hunan yn unig, nid gwaith rhywun arall, yw'r hyn yr ydych yn ei gyflwyno i'w asesu. Os cawsoch help gyda'ch gwaith, ysgrifennwch pwy a'ch helpodd a pham. Mae hawl gennych i gymorth gyda rhai prosesau peiriannol a thechnegau newydd, ond twyllo yw cyflwyno gwaith pobl eraill fel eich gwaith chi eich hunan, ac ni chaiff hynny ei oddef.

▶ Bydd rhaid i chi gwblhau a llofnodi ffurflen gofnodi neu ddilysu ymgeisydd i gadarnhau mai eich gwaith chi eich hun sy'n cael ei gyflwyno.
▶ Mae rhai byrddau arholi'n darparu labeli y mae'n rhaid eu gosod ar bob dalen fowntiedig/llyfr braslunio.

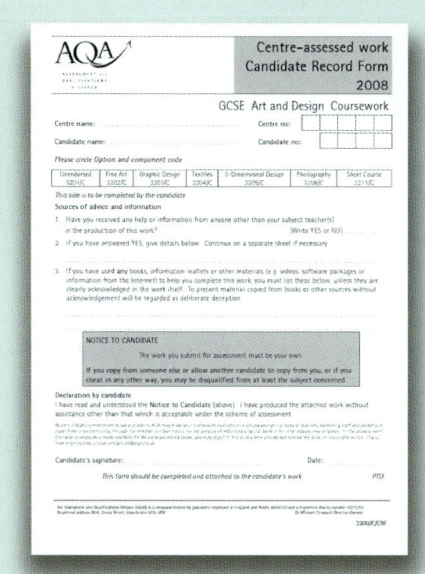

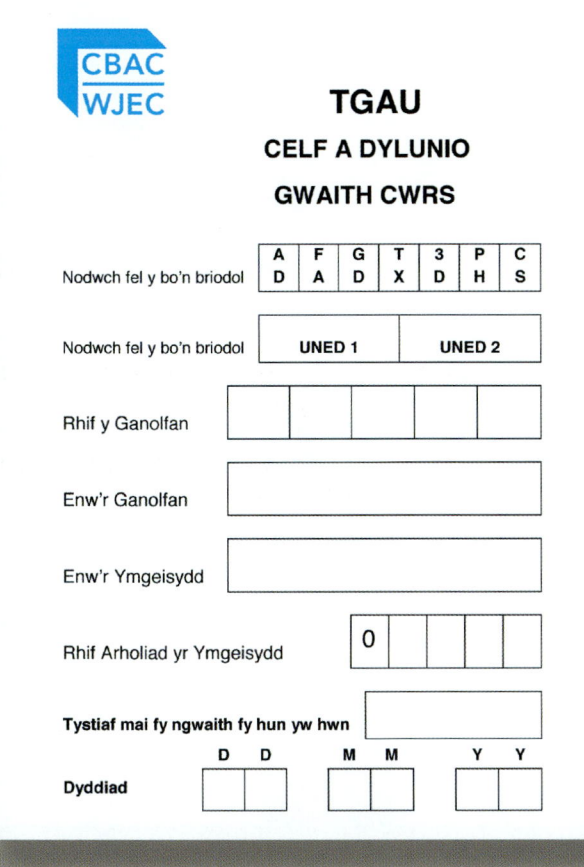

Cyflwyno Gwaith

Y Dasg Allanol

Efallai mai'r dasg allanol yw'r rhan fwyaf brawychus o'r cwrs Celf a Dylunio. Fodd bynnag, cyhyd â'ch bod yn mynd o'i chwmpas mewn ffordd resymegol, ni ddylech gael unrhyw broblemau.

Caniateir amser penodol i chi baratoi ar gyfer y dasg allanol e.e. gwneud ymchwil, arbrofi â gwahanol ddefnyddiau, cynhyrchu brasluniau rhagarweiniol. Bydd hynny'n 4 neu 8 wythnos yn dibynnu ar eich bwrdd arholi. Byddwch yn cael y papur gosod gan eich athro/tiwtor ar ddechrau'r cyfnod penodedig hwn. Darperir papur gwahanol ar gyfer pob ardystiad a'r opsiwn astudio anardystiedig.

Bydd tudalen gyntaf y papur gosod yn egluro'n union beth a ofynnir ohonoch. Gwnewch yn siŵr eich bod yn ei ddarllen yn ofalus. Defnyddiwch ben lliw i amlygu'r geiriau a'r ymadroddion allweddol a gofynnwch i'ch athro neu diwtor egluro unrhyw beth nad ydych yn ei ddeall.

Mae gwahanol fyrddau arholi yn gosod gwahanol bapurau ar gyfer y prawf, ond maent i gyd yn dilyn fformat tebyg. Mae rhai'n cynnig dewis o wahanol fannau cychwyn, tra bod eraill yn rhoi thema i chi ei harchwilio. Mae rhai byrddau'n cyfuno'r opsiynau hyn.

Waeth beth fydd fformat eich papur penodol chi, bydd angen i chi weithredu yn yr un ffordd (gweler tud. 104-06).

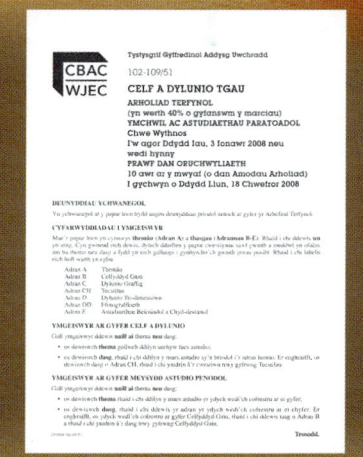

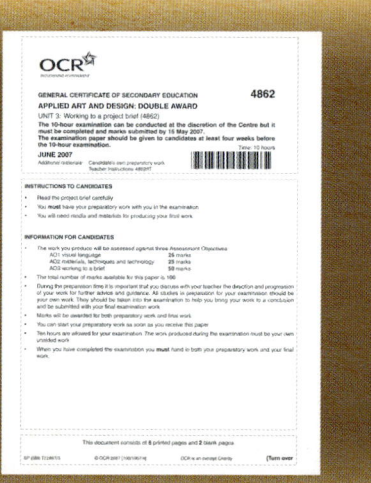

Ar y dudalen hon ceir rhai enghreifftiau o fannau cychwyn y gofynnwyd i fyfyrwyr ymateb iddynt mewn tasgau allanol yn y gorffennol. Maent wedi eu geirio yn union yn yr un ffordd â'r papurau prawf.

Gallwch gael hyd i enghreifftiau o bapurau asesu ar wefannau'r gwahanol fyrddau arholi.

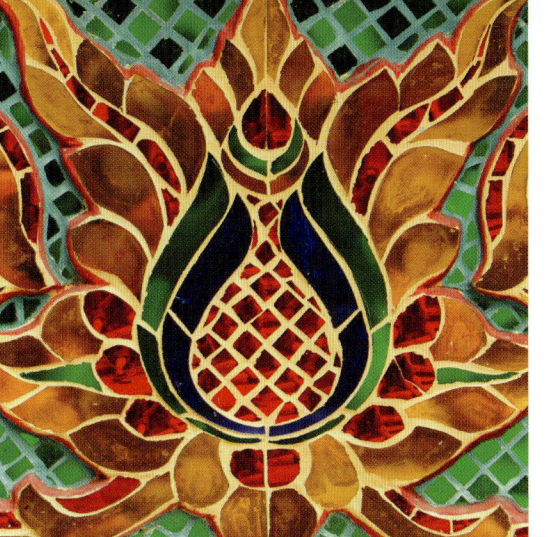

De Asia (AQA)

Mae celfyddyd a chrefftau De Asia, gan gynnwys peintio, cerflunwaith, pensaernïaeth, tecstilau a gemwaith, yn aml yn llawn lliw ac addurn.

Gwnewch ymchwil priodol a chynhyrchwch waith yn seiliedig ar y thema 'Ffrwydrad o Liw'.

Atgofion (Edexcel)

Synnwyr o amser neu le, ennyd mewn hanes, digwyddiad personol neu un o bwys cenedlaethol neu ryngwladol. Fe'u cedwir i gyd yn atgofion y tyst a'r rhai oedd yn cymryd rhan. Cerddi, cerddoriaeth, llythyron, ffotograffau, ffilmiau, cardiau post, stampiau, darnau arian, blodau, nofelau, lluniau, portreadau, swfenîrs, anrhegion.

Mae'n bosibl y bydd y rhestr sy'n dilyn o artistiaid, dylunwyr, crefftwyr, diwylliannau a mudiadau celf yn eich ysbrydoli wrth i chi fynd i'r afael â'r Thema neu efallai yr hoffech drafod posibiliadau eraill gyda'ch athro:

Stanley Spencer, Paul Nash, Peter Howson, Lucas Samaras, Carlo Maria Mariani, Robert Warrens, Marc Chagall, Michael Clark, Sfiso ka Mkame, Sam Nhlenghethawa, Celfyddyd Frodorol America, Anselm Kiefer, Paula Rego, Susan Hiller, Bert Hardy, Clarence John Laughlin, Frida Khalo, Henry Moore, Graham Sutherland, Anthony Gross, John Singer.

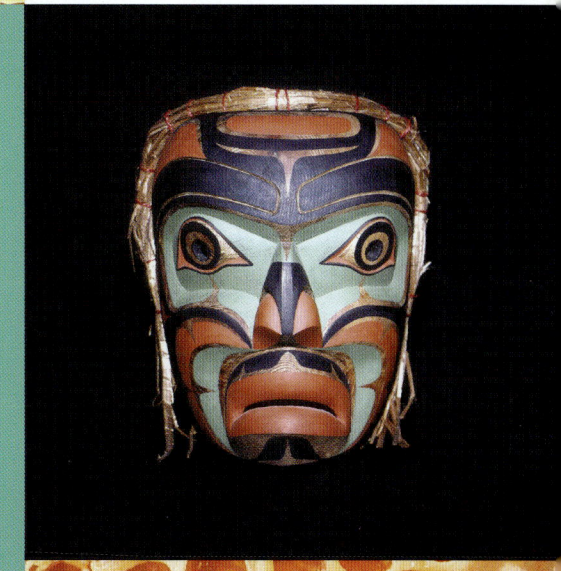

Ciwbiaeth (AQA)

Cofnodai Picasso, Braque ac artistiaid eraill wrthrychau, pobl a golygfeydd mewn ffyrdd cyffrous drwy arddull weithio a elwid yn Giwbiaeth. Dangosid y testunau o nifer o wahanol safbwyntiau a gweithiai'r artistiaid gyda rhyddid wrth ddefnyddio cyfansoddiad a lliw. Astudiwch weithiau Ciwbaidd, datblygwch eich syniadau eich hun a chynhyrchwch eich gwaith eich hun yn seiliedig ar un o'r themâu a ganlyn: (a) Dawns, (b) Cerddoriaeth, (c) Drama.

Cell (OCR)

Cell fyw, strwythur sy'n tyfu, hollti, rhannu, ystafell fach mewn carchar neu fynachdy, annedd fach, bedd, ceudod, diliau mêl, sefydliad gwleidyddol bach, rhaniadau mewn batri plât, adrannau rhwng eisgoed adeiledd bwaog, adrannau mewn blwch, bylchau ffiligri mewn gwaith metel gwerthfawr neu enamlo, grŵp o unedau caeedig mewn patrwm rhwyllog clòs, ffurfiau pleth, siâp ailadroddus, brithwaith …

103

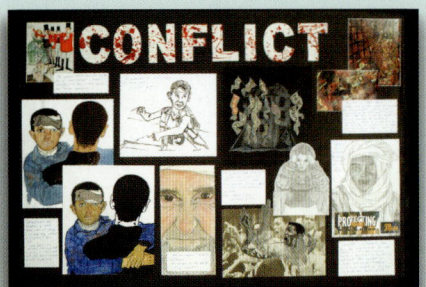

Wrth i chi ddarllen drwy'r papur prawf, gofynnwch i chi eich hun 'beth yw fy nghryfderau?' Nid yw hwn yn amser da i fentro â thechnegau a chyfryngau anghyfarwydd. Mae amser yn hollbwysig, felly byddwch yn realistig am eich galluoedd. Anelwch at gynhyrchu rhywbeth da o fewn y cyfyngiadau amser, yn hytrach na dechrau ar rywbeth eithriadol na fyddwch yn gallu ei orffen.

Gofynnwch am gyngor gan eich athrawon, ffrindiau a theulu i'ch helpu i adnabod eich cryfderau a'ch gwendidau ac wedyn canolbwyntiwch ar y pwyntiau cryf.

Mae'r amcanion asesu ar gyfer y dasg allanol yr un fath ag ar gyfer y portffolio ymgeisydd (gweler tudalennau 8-11), felly edrychwch nôl ar yr unedau gwaith yr ydych eisoes wedi eu cynhyrchu. Penderfynwch pa un oedd y mwyaf llwyddiannus, wedyn nodwch yr holl elfennau unigol a aeth i'w chynhyrchu a defnyddiwch nhw yn eich tasg allanol.

Gwnewch restr o'r holl wahanol ddefnyddiau, technegau a phrosesau yr ydych yn gwybod sut

Paratoi

i'w defnyddio'n iawn ac anelwch at eu defnyddio i gyd yn eich gwaith paratoi neu eich darn terfynol.

Cofiwch, mae'r un uned hon yn cyfrif am 40% o'ch marciau terfynol a dylai fod yr uned orau o waith yr ydych yn ei chynhyrchu. Dyma eich cyfle i ddangos i'r arholwr bopeth yr ydych wedi'i gyflawni yn ystod y cwrs.

▲ O'r cychwyn cyntaf, mae'n amlwg bod y myfyriwr hwn wedi penderfynu gweithio gyda defnyddiau amlgyfrwng.
▲ Dau fwrdd o waith paratoi yn archwilio thema 'Gwrthdaro'.
◄ Arbrofi â geiriau a delweddau.

Wrth i chi dynnu eich holl waith at ei gilydd, peidiwch ag anghofio tywys yr arholwr drwy'r broses ddatblygu. Defnyddiwch nodiadau a diagramau anodedig i egluro pob cam o'r 'daith'. Mae'n bosibl na fydd yr arholwr yn arbenigo yn eich maes astudio, felly peidiwch ag ofni dweud pethau amlwg. Gofynnwch i aelod o'r teulu neu ffrind sydd ddim yn astudio Celf a Dylunio i edrych drwy eich gwaith. A yw'n ei ddeall? Os nad ydyw, beth allwch chi ei wneud i'w wneud yn fwy eglur?

Mae'n hanfodol eich bod yn gorffen eich darn terfynol erbyn diwedd y dasg allanol. Mae angen i chi ddangos eich bod yn gallu cynllunio a gwneud darn o waith yn effeithiol yn yr amser penodedig. Mae darn anorffenedig yn dangos cynllunio gwael.

Nodwch yr hyn y mae angen i chi ei wneud ac ym mha drefn ac yna lluniwch amserlen. Byddwch yn realistig, mae'n well caniatáu ychydig gormod o amser ar gyfer pob tasg na rhy ychydig. Addaswch eich darn terfynol i'r amser sydd ar gael. Gallai hynny olygu bod yn rhaid i chi wneud eich darn terfynol yn llai nag y bwriadwyd yn wreiddiol, neu gynhyrchu adran fach o'r darn yn hytrach na'r holl beth. Mae'n rhaid i chi wneud yn glir yn eich gwaith paratoi

Cynllunio

▲ Mae'r ddau fwrdd yma'n dangos y fyfyrwraig yn datblygu rhai o'i syniadau.

▲ Mae'r braslun hwn o'r darn terfynol yn amlwg yn dod â gwahanol elfennau a archwiliwyd yn y gwaith paratoi at ei gilydd.

Mae'n hanfodol eich bod yn cynllunio eich amser yn ofalus, ar gyfer y cyfnod paratoi (4 neu 8 wythnos) yn ogystal â'r dasg allanol (10 awr i gyd). Rhannwch yr amser yn rhannau hylaw a gosodwch dargedau realistig i chi eich hun.

Ceisiwch gynhyrchu rhai brasluniau neu ddarnau o waith bob dydd, yn hytrach na gadael popeth tan y funud olaf. Mae'n eithriadol o foddhaol gweld eich gwaith paratoi yn graddol ddatblygu a byddwch yn synnu pa mor gyflym y mae'n tyfu.

Mae'n debygol y byddwch yn astudio ar gyfer arholiadau eraill ar yr un pryd â pharatoi ar gyfer y dasg allanol. Bydd cyfnodau byr, dyddiol o egni wedi'u neilltuo i Gelf a Dylunio yn aml yn cydbwyso ac yn cyflenwi eich gwaith mewn pynciau eraill.

Nid yw eich gwaith paratoi wedi'i gyfyngu i'r ystafell ddosbarth; gellir ei wneud yn unrhyw le. Gweithiwch arno pryd bynnag a lle bynnag y mae hynny'n bosibl: gartref, yn y llyfrgell, yn ystod amser astudio preifat, mewn amgueddfeydd, orielau, gweithdai, stiwdios artistiaid ac ati.

Ar ddiwedd y cyfnod paratoi mae angen i chi fod yn hollol barod ar gyfer y dasg allanol. Neilltuwch ddigon o amser i fynd dros yr holl waith yr ydych wedi'i gynhyrchu hyd hynny a chynllunio beth y mae angen i chi ei wneud yn ystod y prawf.

mai dyma'r ydych yn mynd i'w wneud a dangos sut y byddai'r darn terfynol yn edrych pe bai gennych fwy o amser.

Mae'r byrddau arholi yn caniatáu i chi wneud rhai prosesau y tu allan i'r cyfyngiad amser o 10 awr; mae'r rhain yn cynnwys amser sychu a thanio odyn. Gofynnwch i'ch athro/tiwtor ymlaen llaw os nad ydych yn siŵr a chynhwyswch nhw yn eich amserlen waith.

Bydd angen i chi ganiatáu rhywfaint o amser ar ddiwedd yr arholiad i dynnu holl elfennau uned y prawf dan oruchwyliaeth at ei gilydd a gwerthuso eich gwaith. Ewch i dudalen 100 am wybodaeth ar sut i wneud hynny.

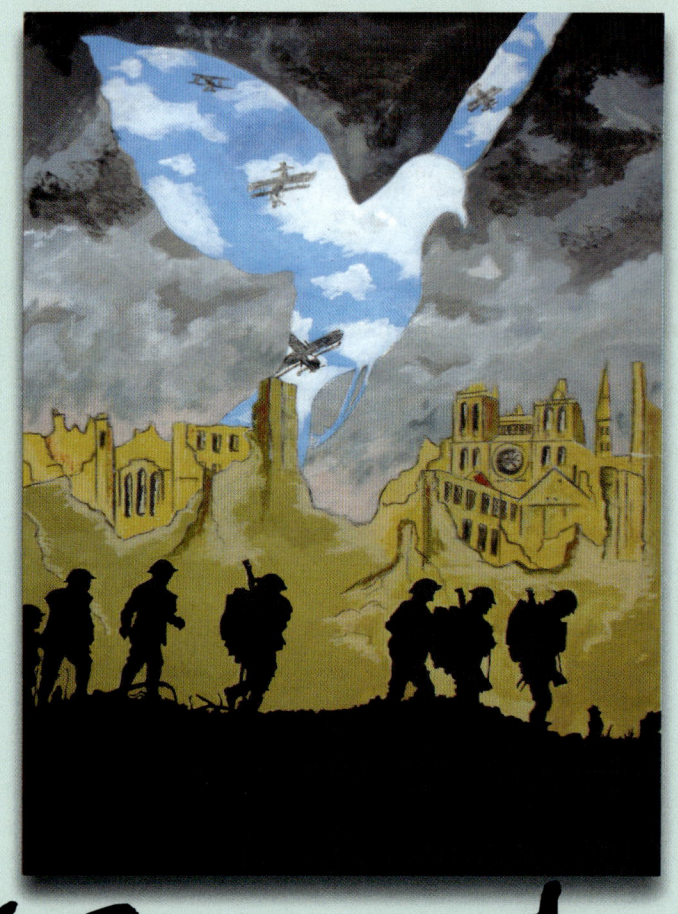

Bydd rhai ysgolion a cholegau'n cynnal y dasg allanol (10 awr i gyd) dros ddau ddiwrnod, tra bydd eraill yn ei gynnal dros nifer o wythnosau yn ystod gwersi wedi'u hamserlenni.

Yn ystod y dasg, mae'n rhaid i chi weithio dan amodau arholiad h.y. gweithio'n dawel a heb unrhyw help gan neb arall (yn cynnwys eich athro). Gallwch ofyn am offer a defnyddiau, ond rhaid cadw pob sŵn arall mor isel â phosibl.

Caniateir peth help gyda phrosesau technegol penodol, fel weldio a thanio mewn odyn.

Ar ddiwedd sesiwn o'r dasg allanol, caiff y gwaith a gynhyrchwyd ei gasglu gan eich athro neu diwtor a'i gadw dan amodau diogel (e.e. mewn cwpwrdd dan glo) er mwyn sicrhau na fydd neb yn ymyrryd ag ef. Ni allwch weithio arno y tu allan

Y Dasg Allanol

i'r sesiynau dan oruchwyliaeth hyn neu fynd ag ef adref gyda chi fin nos.

Gwnewch yn siŵr eich bod yn gadael digon o amser i chi eich hun tuag at ddiwedd y prawf i roi trefn ar eich gwaith. Ar ddiwedd y dasg allanol 10 awr mae'n rhaid i chi roi eich holl waith i mewn – eich holl waith paratoi a'r darn terfynol – p'un ai yw wedi ei orffen ai peidio.

▲ Y darn terfynol.
◀ Ar ddiwedd y prawf dan oruchwyliaeth 10 awr mae'n rhaid i chi roi eich holl waith i mewn.

Uned o Waith

Mae datblygu syniad yn broses organig. Mae'n dechrau gyda chysyniad dechreuol ac yn gorffen â gwireddu'r syniad hwnnw mewn rhyw ffurf ddiriaethol. Oherwydd bod y broses hon mor bersonol, gall fod yn anodd iawn gwneud i rywun arall ddeall sut yr aethoch o un pwynt i'r llall.

Bydd y gwahanol gamau a amlinellir ar dudalennau 86-101 yn eich helpu i strwythuro eich gwaith cwrs mewn ffordd sy'n adlewyrchu'r broses naturiol hon ac yn trosglwyddo eich syniadau a'ch bwriadau ar adegau allweddol drwy gydol y project. Bydd hynny'n helpu'r arholwr i ddilyn eich cynnydd.

I ddarlunio sut mae'r camau i gyd yn dod at ei gilydd, mae'r tudalennau a ganlyn yn dangos uned gyfan o waith myfyriwr. Mae'r uned waith hon yn cwmpasu holl amcanion asesu'r cwrs ac fe'i cyflwynir mewn ffordd sy'n dangos y broses ddatblygu'n glir o'r dechrau i'r diwedd.

Gobeithio y bydd y tudalennau hyn yn fan cyfeirio defnyddiol i chi pan ddaw hi'n fater o gynhyrchu a chyflwyno eich gwaith eich hun. Fodd bynnag, gofalwch mai dyna'r cyfan y byddwch yn eu defnyddio ar ei gyfer. Prif faen prawf y cwrs Celf a Dylunio TGAU yw cynhyrchu ymatebion gwreiddiol i'r mannau cychwyn a roddwyd i chi. Nid oes unrhyw rinwedd mewn copïo gwaith myfyrwyr eraill ac fe'ch cosbir am wneud hynny.

▲ Mae'r brasluniau hyn o gerrig beddau'n dangos *Sgiliau Tonyddol* gwych (tud. 28-29). Maent yn portreadu ysgafnder a thywyllwch y gwaith carreg heb orfod dibynnu ar liw.

▼ Yn yr astudiaeth fach gallwch weld sut mae'r fyfyrwraig wedi archwilio'r tôn ymhellach, drwy ddefnyddio sialc ar gefndir du.

▲ Mae astudiaeth uniongyrchol yn bwysig. Mae'r fyfyrwraig wedi tynnu ffotograffau mewn mynwent leol ac wedi gwneud lluniau arsylwi (tud. 89).

Syniadau cychwynnol

I ddechrau cynhyrchodd y fyfyrwraig astudiaeth fanwl o gerrig beddau a cherflunwaith angladdol. Archwiliwyd a dadansoddwyd y pwnc cymharol syml hwn drwy ddefnyddio llawer o wahanol ddefnyddiau a thechnegau, safbwyntiau a phrosesau. Ar y ddalen hon mae'r fyfyrwraig wedi defnyddio dyfrlliw, pasteli olew, pensil, pen ac inc a phaent acrylig, gan ddangos i'r arholwr ei bod yn gallu gweithio ag amrywiaeth o wahanol ddefnyddiau (tud. 16-17).

108

▲ Yma mae'r fyfyrwraig wedi astudio sut y mae'r artist o'r 14eg ganrif, Fra Angelico, wedi peintio delweddau crefyddol ac mae wedi arbrofi â thechnegau tebyg. (tud. 92). Ar y tudalennau mowntiedig, mae'r anodiadau'n amlinellu ei chanfyddiadau a'i harsylwadau.

▲ Mae'r fyfyrwraig wedi edrych ar batrymau Celtaidd ar groesau Gwyddelig a Seisnig tua'r 10fed ganrif. Mae'r dystiolaeth hanesyddol hon wedi ei seilio ar *ymchwil* a wnaethpwyd yn llyfrgell yr ysgol (tud. 90-91).

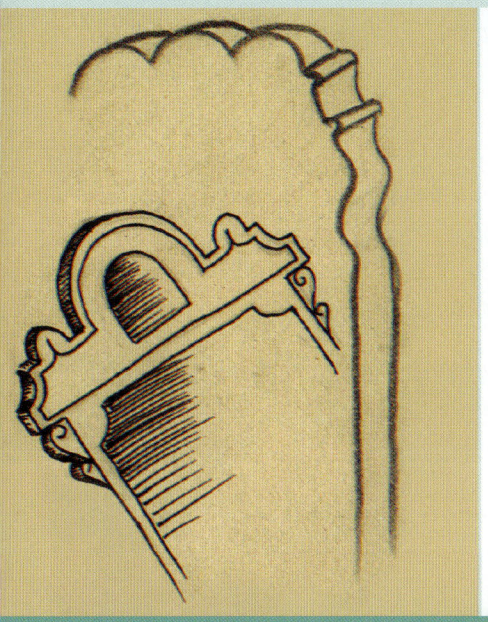

▲ Mae'r llun llinell syml hwn yn dangos y *siâp* a'r cerfiadau ar y garreg fedd yn glir (tud. 32-33).

▲ Gwnaethpwyd y brasluniau arsylwi hyn yn y fynwent. Mae brasluniau fel y rhain yn llawer mwy defnyddiol na ffotograffau.

109

Arbrofi

Ar y ddalen hon mae'r fyfyrwraig yn defnyddio delweddau o gargoiliau i arbrofi â gwahanol dechnegau a phrosesau (tud. 16-17). Defnyddiwyd ffynonellau eilaidd fel llyfrau, cylchgronau a'r We i gael hyd i'r delweddau hyn, sydd wedi'u cysylltu'n glòs â'r cerfluniau angladdol ar y ddalen flaenorol.

◄ Yn y paentiad hwn mae'r fyfyrwraig wedi arbrofi â *gwead* (tud. 30-31) a *lliw* (tud. 24-25) i greu awyr fygythiol y tu cefn i ddelwedd mewn silwét.

▲ Mae ailweithio braslun sy'n bodoli eisoes gan ddefnyddio gwahanol fathau o bensiliau lliw'n cynhyrchu delwedd drawiadol.

▲ Yma mae'r fyfyrwraig wedi tynnu ffotograff â chyfansoddiad dramatig. Y ddelwedd hon yw'r ysbrydoliaeth y tu cefn i rai o'i phaentiadau.

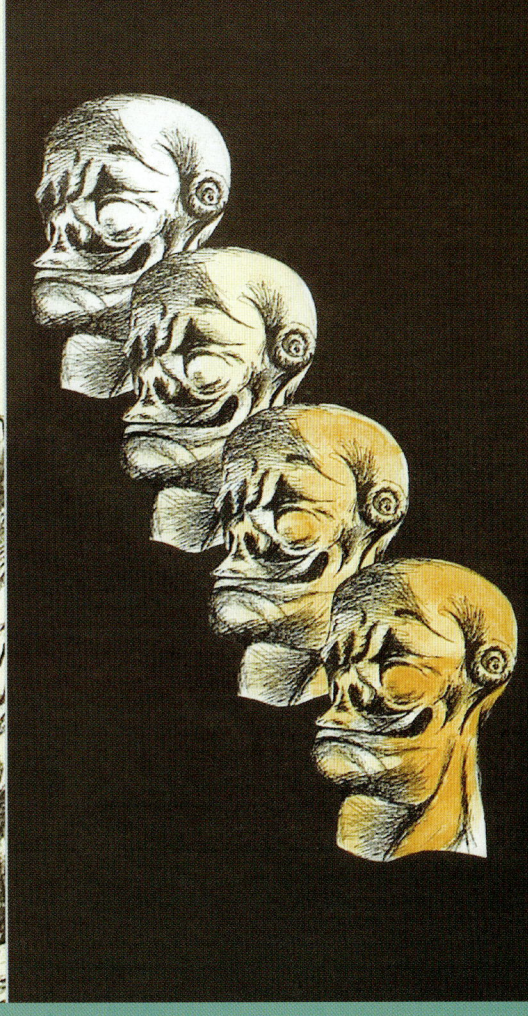

▲ Mae'r braslun pensil hwn o gargoil yn dangos defnydd da o dôn, gan greu uchafbwyntiau a chysgodion.

Gan ddefnyddio llungopïau o fraslun sy'n bodoli eisoes, mae'r fyfyrwraig wedi ychwanegu ▲ golchiadau lliw ac wedi arbrofi â phensil lliw i greu effaith golau'n disgyn ar y pen wedi'i gerfio o garreg.

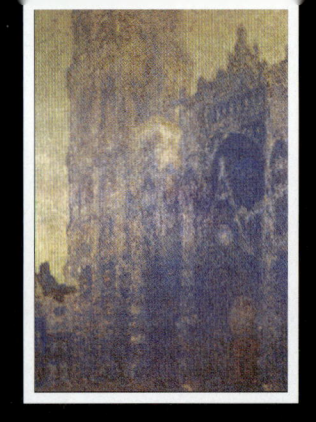

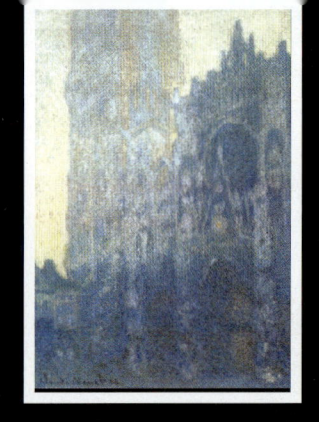

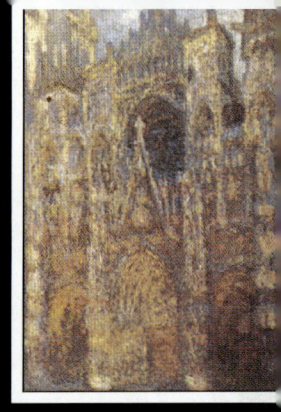

Cynhyrchu Astudiaethau

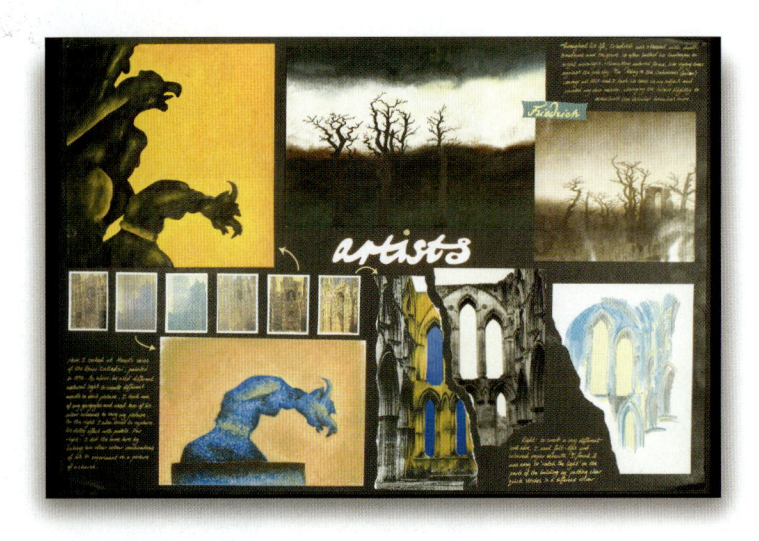

Mae'r fyfyrwraig wedi astudio'r ffordd y mae gwahanol artistiaid (tud. 18-19) yn portreadu testunau eglwysig, gan ganolbwyntio ar sut maent yn defnyddio golau a chysgod. Yn yr anodiadau, mae'n fwriadol wedi osgoi rhoi hanes bywyd yr artist (y gallai fod wedi ei gopïo o'r we neu o lyfr) ac yn trafod yn hytrach pam y mae'n hoffi'r gweithiau penodol hyn.

▼ Mae'r fyfyrwraig wedi edrych ar sut mae gwahanol artistiaid wedi trin y pwnc hwn. Yma mae wedi cymryd paentiad gan Friedrich (gwaelod) a'i addasu i gwrdd â'i hanghenion ei hun.

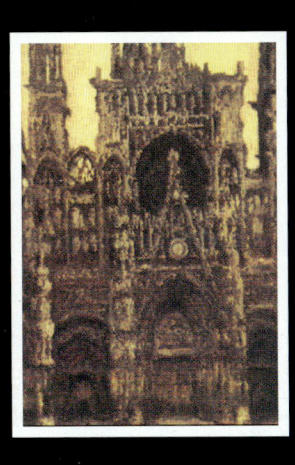

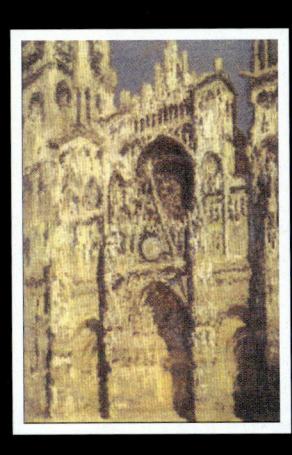

▲ Gan ddefnyddio fel cyfeirnod cyfres Monet o baentiadau i ddarlunio eglwys gadeiriol
◀ Rouen mewn gwahanol olau, mae'r fyfyrwraig wedi cymryd un o'i hastudiaethau ei hun o gargoil a'i atgynhyrchu mewn arddull debyg *(chwith isod)*.

▼ O ddelweddau o bensaernïaeth wedi adfeilio mae'r fyfyrwraig wedi cynhyrchu brasluniau, sy'n dechrau archwilio adeiledd ei chyfansoddiad terfynol.

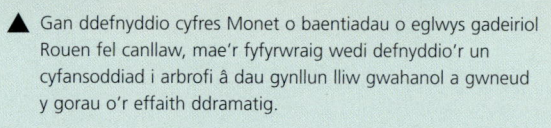

▲ Gan ddefnyddio cyfres Monet o baentiadau o eglwys gadeiriol Rouen fel canllaw, mae'r fyfyrwraig wedi defnyddio'r un cyfansoddiad i arbrofi â dau gynllun lliw gwahanol a gwneud y gorau o'r effaith ddramatig.

Datblygu

Mae'r casgliad hwn o frasluniau'n dangos y fyfyrwraig yn dechrau datblygu'r cyfansoddiad ar gyfer ei gwaith terfynol. Ar ôl arbrofi ag ystod o wahanol ddulliau, mae'r fyfyrwraig yn dechrau cadarnhau ei darnau paratoi. Eto, mae anodiadau'n egluro ei syniadau a sut y mae wedi dod i benderfyniadau penodol.

▼ Mae braslun bach yn helpu i gwblhau'r cynllun terfynol. Mae hwn yn dangos yn glir holl wahanol agweddau'r gwaith paratoi yn cael eu tynnu at ei gilydd (tud. 97).

▲ Mae braslun y cynllun terfynol wedi ei labelu'n glir ac mae'r brasluniau llai sydd o'i gwmpas yn uniongyrchol berthnasol iddo. Mae hyn yn helpu i dynnu sylw'r arholwr ac yn cadarnhau agwedd ddatblygu'r cyfansoddiad.

▼ Mae'r braslun hwn yn dangos y fyfyrwraig yn arbrofi â gofod darluniadol; yn trefnu'r gwahanol elfennau ac yn rhoi cynnig ar wahanol gyfansoddiadau.

Y Darn Terfynol

Yn y darn terfynol, mae'r fyfyrwraig yn tynnu'r holl elfennau unigol a archwiliwyd yn y gwaith paratoi at ei gilydd. Mae wedi newid y dyluniad terfynol ryw ychydig, gan ei addasu i bapur gwahanol o faint mwy.

Gellir gweld y defnydd o liw dramatig drwy gydol y dalennau paratoi.

Mae'r astudiaethau o gargoiliau wedi eu hymgorffori i ochr chwith y cyfansoddiad, a'r coed yn arddull Friedrich yn y cefndir. Gellir gweld yn glir y gwaith y mae'r ymgeisydd wedi ei gynhyrchu ar y fynwent.

Rhestr termau

Pwrpas y rhestr termau hon yw rhoi rhagor o wybodaeth i chi am rai o'r geiriau a'r termau arbenigol y sonnir amdanynt yn y llyfr hwn.

addurniad	fe'i defnyddir yn aml mewn tecstilau, ac mae'n golygu addurno gwrthrych neu ychwanegu rhywbeth ato, e.e. secwinau neu frodwaith addurnol, i wella ei briodweddau esthetig
adran euraid	(neu Gymedr Euraid) fformiwla neu gymhareb fathemategol a ddatblygwyd i sefydlu'r cyfrannau sy'n angenrheidiol i gyflawni cytgord perffaith mewn darn o gelfyddyd
agorfa	yr agoriad mewn lens camera sy'n caniatáu i olau fynd trwodd (gellir ei addasu fel rheol)
alegori	defnyddio symbolaeth i gyfleu neges neu ystyr
anodiadau	nodiadau eglurhaol
anthropometreg	yn golygu 'mesuriadau dynol,' sef data manwl am fesuriadau cyfartalog y ffurf ddynol (ar gyfer dynion a menywod ar wahanol oedrannau, mewn gwahanol sefyllfaoedd ac ati)
appliqué	techneg a ddefnyddir mewn tecstilau, lle caiff siapiau a dorrir o ddefnydd eu rhoi'n sownd wrth ddarn cefndir i greu delwedd neu ddyluniad
ardystiad	term a ddefnyddir gan rai byrddau arholi i ddisgrifio'r saith opsiwn cwrs ar gyfer TGAU Celf a Dylunio, sy'n golygu eich bod yn arbenigo mewn pwnc neu ddisgyblaeth benodol
Argraffiadaeth	mudiad celf Ffrengig o'r bedwaredd ganrif ar bymtheg, lle'r oedd yr artistiaid yn anelu at ddal yn berffaith ansawdd y golau a'r lliw ar un foment benodol drwy osod paent mewn cyffyrddiadau bach o liw pur
argraffu llythrenwasg	un o'r technegau cynharaf a ddefnyddiwyd mewn argraffu masnachol, mae llythrenwasg yn fath o argraffu cerfweddol lle caiff blociau argraffu ar gyfer nodau (llythrennau neu symbolau) unigol a geiriau eu trefnu y tu mewn i ffrâm i ffurfio adrannau o destun
batic	techneg a ddefnyddir mewn tecstilau, lle caiff dyluniad ei dynnu ar ddefnydd gan ddefnyddio cwyr fel y bydd yr ardaloedd hynny'n cadw'r lliw gwreiddiol pan gaiff y defnydd ei lifo
canfyddiadau	(pan y'i defnyddir mewn gemwaith) mae'n cyfeirio at glasbiau, tlysbinau, cefnau clustdlysau, mowntiau modrwyon sylfaenol ac ati sydd wedi'u gwneud yn barod
celfyddyd addurnol	yr enw a roddir i enghreifftiau o gelfyddyd gymhwysol a ddefnyddir at ddibenion addurno mewnol
Celfyddyd Bop	dull o gelfyddyd, sydd wedi'i ysbrydoli gan wahanol ffynonellau o ddiwylliant masnachol a phoblogaidd, e.e. hysbysebion teledu a byrddau posteri, deunydd pecynnu, comics a cherddoriaeth bop
celfyddyd gymhwysol	celfyddyd sydd â swyddogaeth neu bwrpas ond sydd hefyd yn rhoi pleser esthetig
chiaroscuro	mae hyn yn golygu 'tywyllwch-golau' mewn Eidaleg ac mae'n cyfeirio at y dechneg a ddefnyddir mewn peintio a thynnu lluniau, lle caiff ardaloedd o olau a thywyllwch eu cyfuno'n ofalus i greu rhith o ffurf tri dimensiwn
cinetig	fe'i defnyddir i gyfeirio at symudiad, e.e. celfyddyd ginetig yw darn o gelfyddyd sy'n dibynnu ar symudiad i drosglwyddo neges neu i gyflawni'r pwrpas y bwriadwyd ef ar ei gyfer
croeslinellu	techneg dynnu lluniau sy'n defnyddio llinellau croesymgroes i raddliwio rhannau o ddelwedd (fe'i defnyddir yn aml mewn lluniau pen ac inc)
cyflymdra	term a ddefnyddir mewn ffilm, fel arfer i ddisgrifio pa mor gyflym y mae'r stori neu'r plot yn rhedeg
cyfryngau	dyma luosog cyfrwng ac fe'i defnyddir i ddisgrifio'r defnyddiau a'r dulliau a ddefnyddir i gynhyrchu darn o gelfyddyd neu ddyluniad
cynllun (golwg)	math o lun technegol, sy'n dangos y gwrthrych gan edrych arno oddi uchod ac fe'i defnyddir yn aml gan benseiri i ddangos gosodiad tai
dalen gyffwrdd	dalen o ddelweddau bach (wedi eu trosglwyddo'n uniongyrchol o stripiau negatif i bapur ffotograffig) a ddefnyddir mewn ffotograffiaeth fel cyfeirnod gweledol i wneud dewis delweddau yn haws
dyfnder ffocws	mewn ffotograffiaeth, mae hwn yn fesur o'r ystod ffocws ar gyfer llun penodol (cyfanswm y pellter lle y bydd y testun mewn ffocws)
dyraniadau	math o lun technegol, yn dangos darnau cydrannol neu adeiledd mewnol gwrthrych
endorri	y broses o ysgythru cynllun ar arwyneb defnydd sylfaen

Rhestr termau

ergonomeg	astudiaeth o'r ffordd y mae'r ffurf ddynol yn rhyngweithio â'i hamgylchedd; fe'i defnyddir yn aml mewn cyfathrebu graffig i sicrhau bod cynnyrch yn hawdd ei ddefnyddio
esthetig	mae'n tueddu i gyfeirio at harddwch gweledol neu ba mor ddeniadol yw delwedd neu wrthrych
ffigurol	celfyddyd sy'n portreadu neu'n cynrychioli rhywbeth y gellir ei adnabod o'r byd o'n cwmpas
fflecsograffeg	techneg brintio, sy'n defnyddio platiau printio hyblyg o rwber/plastig ac inciau sy'n sychu'n gyflym, a ddefnyddir yn aml i brintio ar ddefnyddiau pecynnu a chynhyrchu patrymau ailadroddus
ffotogram	delwedd a gynhyrchir drwy osod gwrthrychau ar bapur ffotograffig cyn ei ddinoethi i olau, fel eu bod yn ymddangos fel siapiau gwyn ar gefndir du ar ôl eu datblygu
ffowndri	gweithdy sy'n cynnwys ffwrnais, a ddefnyddir ar gyfer castio metelau
galfanu	amddiffyn arwyneb metel rhag rhwd drwy ddefnyddio araen sinc
genre	gair a ddefnyddir yn lle 'math' neu 'arddull' i ddisgrifio gwahanol gategorïau o gelfyddyd a dylunio
gloywedd	gellir ei roi ar gerameg dros ben gwydredd i greu gorffeniad symudliw
gofod negatif	mae hyn yn cyfeirio at le gwag mewn paentiad (neu unrhyw ffurf arall ar gelfyddyd) sy'n chwarae rhan bwysig yn y cyfansoddiad cyffredinol
gofod positif	mae hyn yn cyfeirio at y gofod mewn paentiadau (neu unrhyw ffurf arall ar gelfyddyd) a lenwir gan ffigurau neu wrthrychau
gosodiad	darn o gelfyddyd (tri dimensiwn yn aml) sydd wedi'i gynllunio ar gyfer lleoliad neu safle penodol
gouache	cymysgir pigment â gwm a dŵr i greu paent dyfrlliw di-draidd, sydd ag ymddangosiad 'sialciog' ar ôl iddo sychu
gwaith paratoi	yr holl waith yr ydych yn ei gynhyrchu cyn dechrau ar eich darn terfynol; cynhyrchu, datblygu a mireinio eich syniadau
gweddlun	llun technegol, dau ddimensiwn o wrthrych sy'n rhoi golwg o'r tu blaen neu o'r ochr gan osgoi persbectif
haniaethol	celfyddyd sy'n defnyddio siâp, lliw ac elfennau gweledol eraill i drosglwyddo syniad neu deimlad yn hytrach na phortreadu rhywbeth a adnabyddir ar unwaith (y gwrthwyneb i ffigurol)
heulo	(neu Effaith Sabattier) techneg a ddefnyddir mewn argraffu ffotograffig sy'n cynhyrchu delwedd wrthdro (h.y. lle mae du a gwyn wedi eu gwrth-droi) drwy ailamlygu'r ddelwedd yn ystod y broses ddatblygu
Ingres	math o bapur sydd ag arwyneb gweadog (ac weithiau ddyfrnod), a ddefnyddir yn aml ar gyfer lluniau pasteli a sialc
Intaglio	techneg brintio, lle mae'r llinellau a ysgythrwyd ar blât metel yn cael eu llenwi ag inc fel y gellir trosglwyddo'r cynllun i bapur
jigger and jollying	technegau sy'n golygu gwasgu clai yn erbyn mowld i gynhyrchu darnau lluosog o grochenwaith sydd fwy neu lai'n union yr un fath o ran ffurf
lithograffeg	techneg brintio, lle caiff dyluniad ei dynnu ar ddefnydd amsugnol (calchfaen yn hanesyddol) gan ddefnyddio cynnyrch wedi'i seilio ar olew cyn ei fwydo mewn dŵr. Pan roddir inc wedi'i seilio ar olew arno wedyn, mae'r ardaloedd sydd wedi sugno dŵr yn gwrthod yr inc a'r ardaloedd lle mae'r dyluniad wedi'i dynnu yn ei ddenu, fel y gellir wedyn drosglwyddo'r dyluniad i bapur
llosgi-i-mewn	techneg a ddefnyddir yn ystod printio ffotograffig, lle caiff ardal ddethol o'r ddelwedd ei hamlygu i olau am gyfnod estynedig o amser i ddod â mwy o fanylion allan
lluniad cerfwedd isel	dull a gysylltir yn aml â *collage*, lle caiff defnyddiau eu pentyrru i gynhyrchu delwedd neu ddyluniad sydd wedi'i godi uwchben y cefndir
maquette	model bach, wrth raddfa a ddefnyddir yn aml mewn dylunio tri dimensiwn i helpu i roi ffurf derfynol ar ddarnau tri dimensiwn
moesol	dealltwriaeth o'r hyn a dderbynnir i fod y ffordd gywir ac anghywir o feddwl ac ymddwyn (gan unigolyn, grŵp, diwylliant neu gymdeithas)
mudiad celf	term a ddefnyddir i ddisgrifio grŵp o artistiaid sydd i gyd yn rhannu'r un farn, syniad, arddull neu nod a'r gwaith y maent yn ei gynhyrchu o ganlyniad i hynny

Rhestr termau

neoglasurol	(yn golygu 'clasurol newydd') arddull o gelfyddyd, a ddatblygwyd gyntaf yn yr unfed ganrif ar bymtheg, yn seiliedig ar gelfyddyd a phensaernïaeth yr Hen Roeg a Rhufain
ocsid	math o gemegyn a ddefnyddir mewn gwydreddau ceramig i ychwanegu lliw a chryfder
osgoi	techneg a ddefnyddir wrth brintio ffotograffau, lle caiff rhan ddewisol o'r ddelwedd ei hamddiffyn rhag y ffynhonnell golau er mwyn osgoi gorddatblygu
perifferolion	term a ddefnyddir mewn TGCh i ddisgrifio'r dyfeisiau a'r darnau offer y gellir eu hychwanegu at gyfrifiadur i gynyddu ei ystod o swyddogaethau, e.e. argraffyddion a sganwyr
persbectif	term cyffredinol sy'n cynnwys yr holl wahanol ddulliau o greu'r argraff o dri dimensiwn mewn delwedd dau ddimensiwn (fflat)
planisio	proses sy'n golygu cael gwared â lympiau a tholciau o len fetel drwy ddefnyddio morthwyl â phen gwastad
presyddu	techneg sodro sy'n defnyddio cymysgedd o bres tawdd a sinc i uno darnau o fetel
print mono	(neu monoteip) techneg brintio a ddefnyddir i gynhyrchu un print drwy dynnu'r dyluniad ar gefn dalen o bapur, a osodir dros arwyneb wedi'i orchuddio ag inc fel ei fod yn codi'r inc ar yr ochr chwith
printio cerfweddol	term cyffredinol a ddefnyddir i gyfeirio at unrhyw ddull printio lle caiff inc ei drosglwyddo o ddyluniad uwch na'r arwyneb i bapur, defnydd ac ati (mae'n bwysig cofio y bydd y print terfynol yn ddrychddelwedd o'r cynllun ar y bloc argraffu)
printio planograffig	mae hyn yn cyfeirio at unrhyw ddull o argraffu sy'n defnyddio arwyneb gwastad (yn hytrach na dyluniad wedi'i ysgythru neu'i gerfweddu) i drosglwyddo'r dyluniad i bapur, defnydd ac ati ac mae'n cynnwys lithograffeg
printio sgrin	dyma dechneg brintio sy'n defnyddio stensiliau, lle caiff yr inc neu'r llifyn ei osod yn unffurf drwy ei wasgu drwy sgrin o rwyllau mân, gan ddefnyddio gwesgi, i gyrraedd y papur neu'r defnydd sydd oddi tano
proses argraffu pedwar lliw	(CMYK) proses argraffu a ddefnyddir gan argraffwyr masnachol, lle gosodir pedwar lliw (gwyrddlas, magenta, melyn a du) mewn haenau i greu un ddelwedd gyfansawdd
prototeip	model gweithio (neu'r fersiwn gyntaf) o wrthrych neu gynnyrch, a ddefnyddir i brofi a yw dyluniad yn gweithio mewn gwirionedd
pwynt sych	techneg creu printiau, lle caiff y dyluniad ei ysgythru'n uniongyrchol ar blât copr gan ddefnyddio arf miniog
racw	dull o gynhyrchu cerameg a ddatblygwyd yn Siapan ac sy'n golygu tanio'r darn ar dymheredd isel cyn ei orchuddio â gwydredd trwchus
rifflwr	rhathell ddeuben a ddefnyddir gan gerflunwyr i siapio a llyfnhau'n fanwl wrth weithio ar bren, carreg, plaster ac ati
safbwynt	y man o'r lle yr ydych yn gweld rhywbeth, e.e. oddi uchod neu o'r tu ôl
sager	dull a ddefnyddir mewn cerameg lle caiff gwrthrychau eu tanio mewn casin amddiffynnol
swyddogaeth	pwrpas gwrthrych neu'r gwaith y mae'n ei wneud
symbolaeth	defnyddio symbolau i gynrychioli syniadau, e.e. colomen wen fel symbol o heddwch
tafluniad isometrig	math o lun wrth raddfa a ddefnyddir i gynrychioli ffurfiau tri dimensiwn ar bapur (heb ystyried persbectif)
tafluniad orthograffig	ffurf ar lun technegol a ddefnyddir yn aml wrth ddylunio nwyddau, sy'n dangos gwrthrych o dair golwg wahanol: cynllun, tu blaen a'r ochr
tempera	math o baent yw hwn, a wnaed yn draddodiadol drwy gyfuno pigment ag wy i ffurfio emwlsiwn
toile	dilledyn prototeip wedi'i wneud o ddefnydd rhad fel y gellir newid ac addasu'r cynllun
torlun leino	math o floc a ddefnyddir mewn printio cerfweddol, wedi'i wneud drwy roi dyluniad a dorrwyd o len o linoliwm yn sownd wrth sail bren
ymarferwr	person sy'n gweithio mewn celfyddyd, crefft neu fasnach benodol (yn aml yn broffesiynol)
ysbrydol	term cyffredinol yw hwn i ddisgrifio pethau sy'n ymwneud â ffydd, crefydd a chredoau
ysgythriad	math o brintio, lle gwneir y plât printio drwy grafu dyluniad drwy haen o araen ddiogelu ac yna defnyddio asid i'w losgi i'r metel oddi tano

Mynegai

A
amcanion asesu 8-11
amgueddfeydd 90
amgylchedd 86
amlgyfrwng 45
arbrofi 93, 110-111
arddull 47, 57
ardystiadau 5, 34-83
arlliw 24-25
asesu 6-11, 101
astudiaethau 92, 112-113

B
briffiau 46, 64, 86
bwrdd stori 44
byd naturiol (ffotograffiaeth) 80
bywyd llonydd (ffotograffiaeth) 80

C
celfyddyd
   gain 36-45
   safle benodol 67
   tir 43
ceramigau 68
cerflunwaith 43, 69
cofnodi delweddau 14, 37
cofnodion 89
confensiynau 39
creu printiau 42, 53
cwrs anardystiedig 81-83
cwrs, y 4
cyd-destun 20-21, 86
cyfansoddiad 40-41, 74
cyfathrebu graffig 46-53
cyflwyno 99
cyflwyno gwaith 101
cyfrannedd 57
cymdeithas 20-21
cynllunio 88, 105
cysgod 28-29
cysyniadau 86

D
darlunio 51
darnau terfynol 98, 116
datblygu 96, 114-115
deall 12-18
defnyddiau 38, 86
   Dylunio 3D 65
   modelu 38
diogelwch 94-95
dirlawnder 24-25
diwylliant 20-21, 86
dulliau
   cyfathrebu graffig 48
   Dylunio 3D 66
   tecstilau 59
dyluniad amgylcheddol 72

dylunio
   ar gyfer arddangosfa 70
   cynnyrch 72
   mewnol 72
   tri dimensiwn 64-72
   trwy gymorth cyfrifiadur 50

E
elfennau gweledol 22-23

F
fideo 44, 89

Ff
ffaiswn 63
ffeltio 62
ffigurau 86
ffilm 44, 70
ffotograffiaeth 14, 37, 73-80, 89
   amgylcheddol 78
   arbrofol 79
   bywyd gwyllt 80
   ddogfennol 77
ffotonewyddiaduriaeth 77
ffurf 32-33, 55
ffynonellau cynradd 90
ffynonellau eilaidd 9, 90

G
gemwaith 71
gofod darluniadol 40
golau 28-29
gorffen dyluniadau 97
gosodiadau 43, 67
graddfa 40, 47, 57
gwau 62
gwead 30-31
gwehyddu 62
gwerthuso 100
gwisgoedd 63
gwybodaeth 12-18

H
hanes 20-21
hysbysebu 52

I
iaith 39

Ll
lleoliad 67
llifo 60
llinell 26-27
lliw 24-25

M
materion 86
mynegiant 86

N
naws 57
nodiadau 89

O
offer
   Dylunio 3D 65
   ffotograffiaeth 75
orielau 90

P
paent 38
papur 38
papurau prawf 102-103
paratoi 104
pecynnu 52
peintio 41
pensiliau 38
peryglon 94-95
portffolio ymgeisydd 6, 85-101
portreadau 77
printio (tecstilau) 60
proses ddylunio 48, 56
prosesau 16-17
pwyntiau cychwyn 86-87

Rh
rhythm 40

S
safbwynt 74
sans seriff 49
seriff 49
sgiliau 12-18
siâp 32-33
swyddogaeth 47, 55
syniadau 14-15, 87, 88, 96, 108-109

T
tasg allanol 7, 102-106
technegau
   Dylunio 3D 65
   ffotograffiaeth 76
   tecstilau 58
tecstilau 54-63
   domestig 61
   wedi'u cymhwyso 62
   wedi'u hadeiladu 62
teimladau 14-15
teipograffeg 49
teledu 70
TGCh 38, 50, 95
tôn 24-25, 28-29
tynnu lluniau 41

Th
theatr 70
themâu 86

U
uned o waith 107-116

Y
ymarferwyr (eraill) 18-19, 92, 112-113
ymchwil 90-91
ystyr 14-15, 47, 56